Jahrbuch
einer

AF212012

Eintagsfliege

Gerd Walter und das Kollektiv der Sprachschnitzer

Jahrbuch einer Eintagsfliege

Im Angesicht der Ewigkeit sind Menschen allenfalls Eintagsfliegen. Aber auch Eintagsfliegen schwören sich ewige Liebe, schließen Bausparverträge, gehen ins Fitnessstudio, planen die Zukunft und sind stark Größenwahn gefärdet.

Jahrbuch einer Eintagsfliege
(c) Copyright Gerd Walter Autor

E-Mail: dregretlaw@t-online.de
Illustrationen: Klaus Nordheim
Gestaltung: Christian Gerlich
Herstellung und Verlag: Books on Demand GmbH
ISBN - 9783839142240

Zur Einstimmung

Täglich zu singen (frei nach M. Claudius)

Ich atme frei und danke Gott für manche gute Gabe,
dass ich Gesundheit und Verstand und meine Sinne habe,
dass ich die Sonne, Berg und Tal und Laub und Gras kann sehen
und abends unterm Baldachin des Sternenzeltes gehen.
Und dass mir dann zu Mute ist, wie wenn wir Kinder kamen
zum ersehnten Weihnachtsfest, gespannt, voll Freude. Amen.
Ich danke Gott mit Saitenspiel, dass ich kein Rektor worden.
Das Amt bringt Stress unbändig viel, ich (!) wär' schnell irr geworden.
Auch sag ich ihm von Herzen Dank, dass ich auf dieser Erde
nicht bin ein smarter Börsewicht und wohl auch keiner werde;
denn Gier nach Reichtum macht nur blind, hat mancherlei Gefahren,
und einigen hat 's das Herz verdreht, die gute Nachbarn waren.
Und all das Geld und all das Gut gewährt zwar hübsche Sachen,
Gesundheit, Geist und Lebensmut kann 's aber doch nicht machen.
Und die sind doch zu allererst das, was ich brauch zum Leben,
drum will ich mich nicht abstrampeln hoher Rendite wegen.
Gott gebe mir nur jeden Tag, was nötig ist zum Leben.
Er gibt 's dem Halm am Wegesrand, wie sollt er 's mir nicht geben.

Pistenjodler mit Echo
(a capella)

Ich lifte zur Höh`(Höh`, Höh`)
zum silbernen Schnee (Schnee,
Schnee) –
johollerdihö (hö, hö).

Ich packe die Ski (Ski, Ski)
wie Jupp die Heidi (di, di)
und schwing mich auf sie (sie,
sie).

Sind Pisten vereist (eist, eist),
hilft Sportlern zumeist
(meist, meist)
erquickend Weingeist (geist, geist),

echt lecker vereist (eist, eist).

Bewegung hält jung (jung, jung).
Ich ramme voll Schwung (Schwung, Schwung)
`ne Umlei-leitung (Dung, Dung).

Doch als Skitrickstar (Star, Star)
fahr Schuss ich, na klar, (klar, klar)
auch noch im Ackja (Aa).

8

Die Knochen oho (hoho)
gebrochen en gros (so, so).
Den Chefarzt macht `s froh (froh, froh).

Ja, fehlt `s dir an Grips (Grips, Grips),
ziert bald dich ein Gips (Gips, Gips)
vom Zeh bis zum Schlips (Schlips, Schlips).

Eiskalt ragt ein Zeh (Zeh, Zeh)
vom Bett in die Höh`(Höh`, Höh`),
tut mordsmäßig weh (weh, weh).

Doch bist du k.o. (o, o) ?
Ein Ärztetrio (i, o)
zeigt Spitzenniveau (o, o).

Johollerdihi (hihi),
johollerdiho (hoho)-
Sportsgeist macht froh.

9

Winterliches Konzert

Ich hebe die weiße Fahne,
entrichte Kältezoll.
Trompetengeschmetter verkündet:
Ich habe die Nase voll.

Verschnupft

Er hat Ski.
Sie hat Ski.
Es hat Ski.
„Hatschi ‚hatschi ...“
„Gesundheit!“
„Danke.“ „Bitte.“
„Ha-ha-hatschiiii...“
„ Ey, Schnauze.“

Winterwunder

Wenn ich durch den Wunderwinter wander,
mich verwundernd wie ein Kind,
seh ich Winterwundertannen ,
die durch Schnee und Wunderwinterwind
wundersam verzaubert,
lauter Wunderwinter-Winterwunder Wunderweihnachtsmänner sind.

Skizirkus

Zwei Sprungski klagten mal ihr Leid:
„Uns fährt ein keckes Bübel.
Das springt oft 100 m weit.
Doch uns wird immer ganz übel."

Es waren mal zwei Abfahrtski.
Habt ihr das Lied vernommen?
Ihr Fahrer hatte X-Beine.
Nie sind sie zusammengekommen.

Es kaufte mal zwei Ski aus Schaum
Ein Läufer ,sehr vorsichtig.
Er rammte nämlich jeden Baum.
Drum war die Vorsicht richtig.

Es waren mal zwei Plastikski.
Ihr Läufer war sehr stolz;
denn seine Ski hatten Garantie.
Nun trägt er ein Bein aus Holz.

Es waren mal zwei Abfahrtski,
die fanden es sehr heiter.
Ihr Läufer stürzte in den Schnee.
Da fuhren sie ohne ihn weiter.

Es schafften mal zwei Abfahrtski
ein Rennen zu gewinnen.
Der linke sprach:
„Ich war eher im Ziel."
Der rechte war wie von Sinnen.

Es waren mal zwei Abfahrtski.
Es waren mal zwei Beine.
Es waren mal zwei Abfahrtski.
Es waren mal zwei Beine.

Hüttenromantik

„Schau mich an," kokettierte die Lütte,
„zum Einheizen hab ich gut Holz vor der Hütte!"
(Charme hält warm.)

Rutsch nicht auf 'ner Rutschpiste,
sonst rutschte aus und putsch biste.

Zeisig im Winter

Die Winde wehen eisig,
drum zittert auf dem Reisig
mit dem Steiß der Zeisig.

Im Frost die Zweige knacken,
Tropfwasser friert zu Zacken.
Wind kneift so manchen Nacken.

Mein Kinn ist taub gefroren,
und rot sind meine Ohren,
als wär' ich neu geboren.

Drum eil' ich heim ins Zimmer.
Von fern seh ich wie Glimmer
schon wärmend seinen Schimmer.

Da weichen die Beschwerden.
Es ist ein Glück auf Erden,
allmählich warm zu werden.

Doch draußen weht es eisig,
drum tut mir leid der Zeisig.
Ihm ist eiskalt, das weiß ich.

O, armer kleiner Zeisig.

Winterbild

Menschen schweben
durch die Luft,
liften auf zum Bergesgipfel,
der gleich einer Zipfelmütze
in den blauen Himmel ragt.

Miss Sonne bummelt
stillvergnügt,
balanciert auf öl´gen Nasen,
tätschelt Ski- und Osterhasen
und plagt durst´ge Säufernieren.

Auf den Pisten fahren Touristen,
stolz mit neuerworbenen Skiern,

die sie ab und zu verlieren,
weil die Ski sie überlisten.

Spitzen splittern, Läufer zittern.

Folgend dem Gesetz der Schwere
gleiten sie ins Ungefähre,
schlittern abwärts.

Doch, wenn `s auch wohl
manchmal pufft.
Stürze sind des Skilaufs Würze.

Beine wirbeln durch die Luft.

Abfahrt

Sonne glüht,
schlägt Funken ins Weiß.
Schneewogen blitzen.
Trunkener Takt. Hänge rasen.
Wind, der mich packt,
pfeift mir ins Ohr.
Mich wirbelt `s empor.
Da verkannten die Ski.
Stahl schneidet heiß
einen Riss ins Blau,
schlägt Funken ins Weiß.
Sonne zersprüht an den Kanten,
wirbelt durchs Eis.
Schneeglanz beißt grell mir ins Fleisch
und glitzernd spritzen Kristalle.

Rausch

Es zittert meine Seele. Mich friert.
Ich ziehe Schlittschuh an,
dass ich mich stähle - kälteversiert.
Flink lauf ich Pirouetten.
Auf starrem Eis
dreh ich mich wirbelnd wild
nicht wissend wie im Kreis.
Mir wird gefühllos schwindlig.
Ist es ein Traum?
Nicht kann ich mich mehr halten,
kann kaum noch schauen.
Es tanzen die Häuser, die Türme
vorbei wie stiemender Schnee.
Das Eis birst klirrend
und Wasserfunken schießen
mich greifend jäh in die Höh.
Nicht will ich der Kälte entfliehen.
Will auch nach Hilfe nicht schreien.
Die Kälte, die in mir war,
hüllt wie ein Schleier mich ein.

Holladihi holladiho ....

Das Eine beim Skifahren das weiß jeder Tropf,
sollst Bretter an die Füß` haben und net vor dem Kopf.

Aber hast s`e am Kopf, als Schmuck in den Haaren,
dann kannste im Kopfstand die Hänge abfahren.

So manch ein Skihasel macht viel Pläsier,
hat `s kein Brett vor dem Kopf, sondern Holz vor der Tür.

Das himmlische Wedeln macht jedermann froh,
der Bauch schwingt nach links und nach rechts der Popo.

Ist es lausig kalt, trink nicht zu viel Grog;
denn ein Knöllchen erhält, wer betrunken am Stock.

Auch wenn die Sonne vom Himmel gleißt,
kalt wird dein Po, wenn im Schnee du sch –läfst.

Das paarweise Liften bringt viel Pläsier,
ich wärm mich an dir und du dich an mir.

Dialog am Ankerlift

„Sind Sie allein?"
„Ja, schrecklich!"

18

Faschingsvision

Konfetti wirbelt. Ringsumher
tönt Grölen, Lachen, Schreien.
Ach, wüsste ich doch, wer ich bin,
werd` wohl ein Cowboy sein.
Ich reite quer durch die Prärie
auf einem Krokodil mit 80 Sachen;
denn es will zum nächsten Fußballspiel.

Aber ich. ich muss doch ins Büro.
O, könnte ich entfliehen!
Wie praktisch ist ein Wasserklo –
Da braucht man nur zu ziehen.

Ach, soll der Chef doch ruhig schreien...

Vor mir die dritte Flasche Wein
fängt langsam an zu schweben.
Ich schwebe sachte hinterher,
nun ja, denn gehen fällt mir schwer
und schwebe auf zum Himmel.
Dort tummeln weiße Mäuse sich,
doch plötzlich sind es Schimmel,
die ziehen `n Schlitten,
welch ein Glück!
Ich steige ein und fahre mit,
werf nur noch einen Blick zurück.
Auf geht es mit Gebimmel.
Sternenkinder schreien: „Helau!"
Frau Holle streut Konfetti,
und holde Engel werfen sich
mit Luftschlangenspaghetti.

Ich aber liege irgendwo
im Neonmondenschein.
Konfetti hüllt mich wärmend sanft
wie ein Daunenschlafsack ein.

Lieber 'n lumpiger Orden im Fasching als 'ne glänzende Tapfer-
keitsmedaille im Sarg

Karneval

Die Marta steht am Marta –Marterpfahl
laut jauchzend; denn `s ist Kar ´s ist –Karneval.
So manche Rothaut zu ihr blick –ja- blickt
und hätte gern mit ihr gefi-fa-feiert;
denn Marta vielen wohl – frivol –bekannt
ist eine rassige Wildsau-erland-
blüte exotisch ‚tropisch , urig schlau .
Sie sucht zwecks Heirat einen Typ mit Hau,
mit `m Haufen Geld, hat sich `s so schön gedacht.
Da dreist sich wer an Martas Mieder macht –
von Hause aus ein Filou – Philosoph,
der Bierchen schon zuhauf viel soof, ja soof.
Er sie-sa-sabbert: „Ich bin ein Genie –
genier mich nie, na klar, ich lade Sie –
Sie ein zu `nem Likör mit Ei-ei-Eis.
Da wird der Marta gleich juchheia heiß.
Ihr scheuer Busen wogt im Blä-Bla-Blues,
doch Männercharme ist oft nur Schmäh-Schma-Schmus.
Er will dann doch nicht. Es gibt Grund genug,
z.B. Martas muh muh Mundgeruch.
Da verlöscht die stier-stur-stärkste Pfeife.
O, angeschmiert, o, Marta, Seife! Sei ve-
rnünftig! Schon schleicht ein Millionär sich näh`r,
(Mit Unschuld lebt sich `s nur geschwür-schwör-schwer.)
der ehrlich-ehelich sie begi-ga-gehrt.
Das Glück gewinnt, wer sich nicht zu sehr wehrt.
Geht unbemannt ihr Frauen nicht nach Haus!
Ihr Männer, reißt nicht vorher furchtsam aus.
Mit diesem Rat beenden wir das Lied.
Es wär` ein Schiet, wenn nicht bald was geschieht.

Pretty Belinda

Pretty Belinda, Pretty Belinda,
du kriegtest ein Kind, mitten im Winter.
O pretty Belinda, pretty Belinda,
wir hatten kein Töpfchen nur `n Zylinder.
O pretty Belinda, pretty Belinda,
es fehlte alles, es war nur Gin da.
Der Gin floss reichlich, er floss in Strömen,
so konnten wir unser Baby verwöhnen.
Es schwärmte für Wodka. Du gabst ihm die Brüste,
anschließend Schampus `ne halbvolle Kiste.
O pretty Belinda, pretty Belinda,
im Grunde sind Weise blinder als Kinder,
und Gouvernanten sollten sich schämen
mit ihrem Getue um edles Benehmen.
Das hat keinen Zweck, das merkt doch ein Blinder,
selbst wenn er betrunken `ne Woche im Spind war.
O pretty Belinda, wir Menschen sind Sünder.
Du bist so sexy, ich seh deine Zünder.
Komm, lass uns feiern, komm, lass uns singen,
dass Harmonien jubelnd erklingen.
Reich mir noch einmal deinen Zylinder!
Füll ihn mit Gin! Kalt ist der Winter.
Prost auf den Winter, prost auf die Kinder,
prost auf die Sünden, die Sünder, die Zünder.
"O pretty Belinda, ist dir der Sinn klar?",
fragte dich Sinclair, der voller Absinth war.
Mög' Minne uns halten und nie erkalten.
Lass uns die Sorgen zusammenfalten!
Ich werf sie ins Feuer, das spendet Wärme
und drücke dich fest, schon sehe ich Sterne
in deinen Augen, pretty Belinda,
pretty Belinda, pretty Belinda,
o wundervoll ist die Minne im Winter,
im Winter, im Winter, o pretty Belinda...

Wenn Karneval ist

„Wenn Karneval ist", sagt der Karnevalist,
„wenn Karneval ist, sind alle lustig."

Dann setzt er seine Pappnase auf,
dass andere lachen, da wartet er drauf;
denn bei Karneval sind alle lustig.

Er hängt sich schillernde Orden an
und tut so jovial, wie er kann;
denn bei Karneval sind alle lustig.

Er fühlt sich über die Maßen wohl
und gurgelt verwegen mit Alkohol;
denn bei Karneval sind alle lustig.

Die Nachbarnärrin kneift er in den Po.
Sie jauchzt und juchzt und tut so froh;
denn bei Karneval sind alle lustig.

Beim Schunkeln kommt man sich schnell näh`r.
Es gibt schon längst keine Hemmungen mehr;
denn bei Karneval sind alle lustig.

Ach, die närrischen Zeiten rasen dahin.
Neun Monate später ein Hauptgewinn.
Ja, bei Karneval da war es lustig.

Das kleine Bündel macht Radau.
Es klingt ein wenig so wie „Helau".
Ja, bei Karneval da war es lustig.

Helau, helau, he lauf nicht weg in die Wirtschaft, Mann,
verdammt .Zahl erst mal die fälligen Alimente, du Schwell-
kopp, du Pappnase, du Jeck, du Knalltüte!

(Valentinstag   14. Februar)

Andenken

Uschi lag in meinem Arm.
Sie schmiegte sich an mich traulich.
Mir wurde wohlig, wonnig warm,
und Uschi plauderte fraulich:

„Diesen Armreif schenkte mir Franz.
Das Medaillon gab Peter,
den Ohrring Kai ,die Spange Karl".
Es wurde spät und später.

Sie zählte auf erzählte und zählte.
Da sah ich rot wie ein Stier.
Das goldene Kettlein zwar hat sie von Pit,
doch - die Zahnlücke - hat sie von mir.

25

(Am ersten Freitag im März wird der **Weltgebetstag** gefeiert.)

Bete beizeiten, so kannst du `s in der Not.

Er war verzweifelt - ohne Mut.
Er versuchte zu beten voll Kummer.
Doch fehlte ihm Übung.
Sein Hirn machte tut -
tuttut- kein Anschluss unter dieser Nummer.

Stoßgebet

Lieber Gott, mich nervt jedes Wort,
bitte schenk mir Geduld, aber sofort.

(Wer Gott unterstellt, dass er keinen Humor hat und dass er einen kleinen Scherz nicht vertragen kann, der begeht Gotteslästerung.)

Lieber Gott, vergiftend ist Zanken.
Schenke mir heilsame Gedanken!
Lass mich nicht in Fallstricke rennen,
sondern Gefahren bei Zeiten erkennen.
Den Balken zieh aus meinem Auge,
damit auch ich zur Liebe tauge.
Ich will ja gar nicht die Welt bewegen.
Nicht Ruhm (Reichtum) ist wichtig,
sondern dein Segen.

Der Lenz ist da -?

Man sollte sich genauer ausdrücken. Leitet sich Lenz ab von:
Turbo-Lenz = stürmischer Frühling. Viele Motorradfahrer
unterwegs
Flatu-Lenz = würzige Landluft, dufte
Pesti-Lenz = o jau, jau, Jauche, eklig
Kondo-Lenz = von wegen Frühling, April, April
(Korpu-Lenz = Frühlingsrollen, Feinkostgewölbe)

Osterfreud und Osterleid

Wenn die Menschen Ostern feiern,
Hasen zu den Menschen „eiern"
und verstecken Süßigkeiten
fürs österliche Taillenweiten.

Osterfeiern sind ein Segen
schon des guten Umsatz wegen.
Nur die Pfarrer tut es kränken,
predigen sie vor leeren Bänken.

Doch bekanntlich hält kein Fluchen
jemand` ab vom Eiersuchen.
Sarkastisch seufzen drum Pastoren:
„Wüchsen uns doch Hasenohren,

wär`n wir beim Gottesdienst die Größ-
ten,
hellwach auch jene, die stets dösten."

Osterwunsch

Frohe Ostereier mit Nascher-Ei, Liebel-Ei ,Bäcker-Ei,
Necker-Ei ,Schlecker-Ei, Zauber-Ei ,Schwärmer-Ei,
Plauder-Ei und vor allem Ei love you.
Keine faulen Eier mit Blödel-Ei, Schläger-Ei, Schinder-Ei,
Mecker-Ei, Nörgel-Ei, Poliz-Ei...

Der Worte sind genug gewechselt, lasst uns jetzt in den Garten gehen.

Ostern

Malst Eier du schwarz, entsteht, o wie nett,
zusehends manch handliches Eierbrikett.
Bewirf mit solchem nicht die Agathe,
denn trifft es sie wie `ne Eiergranate,
wird schnell gespottet: „Seht, Ei am Zopf!
O ,Eierzöpfli am Eierkopf."
Die Getroffene fuchst es und schlägt sie zu,
guckst bald gerührt wie ein Rührei auch du.
Vergeblich ist dein Bemühen wohl ganz,
flehst du: „O Gnade!" – beim Eiertanz.
Kann sein, sie schenkt dir dennoch Gehör,
riskierst du ´n Schuss -peng- Eierlikör.

Zwei Knaben

Zwei Knaben sprangen ins Wasser.
Schwimmen ist wundervoll.
Obwohl sie untergingen,
zappelten beide sehr eindrucksvoll.

Kunst und Raum

Zwei Knaben sehr poetisch
trieben Lyrik als Freizeitsport.
Ihr Schaffen fand allseits Be-
achtung
und verschönte bald jeden
Abort.

Stichhaltige Argumente

Zwei Knaben wurden erwachsen
und jeder h.c. Professor.
Sie disputierten gewaltig,
doch Sieger war der mit dem Messer.

Jugend forscht

Zwei Knaben spielten mit Starkstrom
und suchten die richtige Stelle.
Sie wollten wie Osram leuchten,
doch sie brannten nicht ganz so helle.

Erste Hilfe

Zwei Knaben fuhren Auto.
Ein Reifen war plötzlich platt.
Da zerstachen sie die drei anderen,
damit `s Auto nicht Schräglage hat.

Human

Zwei Knaben stritten mitnander,
welcher Gott der Allmächtige ist.
Und da den Reinen alles rein ist,
fütterten beide einander mit Mist.

Platsch

Zwei Knaben spielten Stuka
und sprangen vom Hochhaus mit Schwung.
Sie flogen verwegen `n Sturzflug -
nur leider die Landung misslung.

Happy End

Zwei Knaben spielten Engel
und sprangen vom Hochhaus, o Schock!
Doch überlebten sie beide.
Start war der erste Stock.

Aufklärung
Eileiter - Eisprung

Der Osterhase froh und heiter
klettert forsch auf die Eileiter;
denn Ostern macht ihn immer high.
Schon wagt er `n Eisprung ei, ei, ei.

Österlicher Nashorntraum

Das Nashorn, das Nashorn,
das wär so gern ein Has` wor`n -
am liebsten gar ein Osterhas`.
Ein Osterhas` hat Ostern Spaß.
Wann hat das schon ein Nashorn?
Das arme, arme Nashorn.
Es ist vor Neid ganz blass wor`n.
Es sah mal Osterhasohren.
Was hat da schon ein Nashorn?
Nur vorn grad auf der Nas` vorn
hat `s Nashorn halt ein Nashorn.
Ja, wär `s ein Osterhas` wor`n -
ein Osterhas` mit Nashorn
und Osterhasenschlappohren,
das wär` ein Riesenspaß wor`n.
Imposant, grandios enorm:
Ein Osterhasenschlappohrhorn.

Das Ungeheuer

Ein Ungeheuer riesenmäulig,
bösartig wild bedroht die Welt.
Ein Ungeheuer unbezähmbar,
dem alles in den Rachen fällt.

Es glotzt dich an mit geilen Augen,
es schmatzt und rülpst. Mensch, sei
nicht stumm!
Üb deinen Geist, und sei bereit,
wenn du nicht kämpfst, bringt es
dich um.

Das Ungeheuer ist die Dummheit.
Sie ist unfasslich wie der Wind.
Herr, steh uns bei und gib uns
Geist!
Sonst werden auch wir dumm und
blind.

Und unser Geist dient dann als
neuer
klebriger Fangarm dem Ungeheuer.
Herr, schenk uns Kraft und gib uns
Geist,
dass uns das Scheusal nicht zer-
reißt!

Ein Azorenhoch

Der Himmel ist so blau,
man könnte ihn für kitschig halten.
Die Sonne sprüht,
als würd´ sie für bezahlt.
Zerfurchte Berge glätten eitel
ihre Falten,
die Landschaft steht Modell
und fühlt sich abgemalt.

Pan spielt Flöte.
Ziegenböcke hupfen.
Verliebte Pärchen wandern ohne
Zahl.
Ein Junge flucht -
sein zarter Spatz hat Schnupfen.
Verdammt! Nun ja,
vielleicht ein andermal.

Mannsbilder granteln in Biergär-
ten.
Schöner kann die Welt doch gar
nicht sein.
Drum lass die Arbeit!
Raus ins Freie!
Das Glück hat Ausverkauf -
Kauft ein!

Vorsorge

Vom Himmel lüge ich munter
die ganze Bläue herunter
und pack sie in ein Paket.
Und kommen mal schlechtere Tage
find keinen Grund ich zur Klage.
Ich öffne mein Päckchen voll Schläue
und auf steigt herrliche Bläue.

Zur Konfirmation - Komfortmation

Wer als Jugendlicher in unserer Komfort-Nation mit dem Komfort kon-
form geht, der denkt logisch, Konfirmation sei
ein Sandwichwort gebildet aus Komfort und Formation (Komfortmation), und er freut sich als gläubiger Komformist auf den Komfort-Mist
(sprich: die Geschenke) zur Komfortmation. Der wird folglich nicht
konfirmiert, sondern komfortiert und erhält am Tage der Komfortmation die Weihen der Komfortnation - die Weihen des Luxus. Wie werden
die Räume da festlich geschmückt! Alles glitzert, prunkt und protzt.
„Selig sind die Kreditwürdigen," lautet das Credo der Geldscheinheili-
gen." „Geld stinkt nicht, sondern ist dufte - nur Armut riecht übel". O
je, o je, o Jesus. Ver-geld -`s Gott. Dagobert Duck ist als Pate anwesend,
auch Asterix und Obelix reihen sich ein. Was braucht `s da noch ein
Kruzifix? Fix! Fix ein Halleluja! Komfort kommt vor Christlichkeit.
Amen. Mit Armen wollen wir nichts zu tun haben, schon eher mit Ar-
meen (Stichwort - lukrativer Waffenhandel!). Herr, vergib uns; obwohl
wir wissen müssten, was wir tun.

Lieber Nonkonformist in Maßen
als Komfortmist in Massen.

Ein zeitgemäßes Geschenk

Zur Konfirmation empfehlen wir ein Designerkreuz und dazu dezent passend einen Flakon Wellnessgewissen mit stylisch integriertem Bedenkenzersteuber und garantiertem Wohlfühlaroma. So erhält man ein schlankes Gewissen, d. h. unbelastet von christlichen und sozialen Ballaststoffen und kleinbürgerlichen Skrupeln, wie man es benötigt, um als Ethikbulimist Karriere zu machen – etwa als Banker, Politiker, Manager usw.

Verschnupft

Betörend duftete der Flieder,
Fast dachte ich, du wärest mein.
Doch da fing meine Nase an zu laufen.
Verdammt, es hat nicht sollen sein.

Himmelfahrt - Vatertag

Himmelfahrt nennt man bisweilen auch Vatertag, weil Jesus an Himmelfahrt zu seinem Vater gefahren ist.

Brief zum Vatertag

Lieber Vater,

als Student hat man ja so viel um die Ohren, dass man häufig Zeit und Raum vergisst, und so merkte ich heute erst rein zufällig beim Blick auf den Kalender, dass morgen ein Feiertag ist, und zwar Vatertag. Dieser würde wohl kaum gefeiert werden, wäre er nicht als kirchlicher Feiertag sowieso frei. Man macht eben vom Vatertag (im Gegensatz zum Muttertag!) wenig Aufheben, und würden nicht einige Geschäftsleute an seiner Nutzbarmachung interessiert sein, gäbe es ihn wohl gar nicht. Wie ungerecht! Sind Väter nichts wert? Dass sie tagtäglich oft unter widrigen Bedingungen ihren Mann stehen, um (in vielen Fällen) als Alleinverdiener den Unterhalt für die Familie zu sichern – zählt wohl nicht? Kommen sie dann abends müde von der Arbeit nach Hause, gibt es noch längst nicht die ersehnte Ruhe, sondern zur Begrüßung in der Regel erst einmal ein paar schlechte Nachrichten, wie z. B.: über Probleme mit den lieben Kleinen in der Schule oder eine Auflistung der notwendigen Reparaturen im Haus, außerdem noch ein ausführlicher Bericht über nervende Nachbarn, fällige Steuern usw., usw., usw. Eine alte Weisheit lautet: „ Männer sind zum Leiden geboren." „Und", so füge ich hinzu, „ganz besonders die Väter!" Kein Wunder, dass sie im Lauf des Lebens (psychisch gesehen) eine Hornhaut bekommen, so dass man ihnen schließlich ihr Leid gar nicht mehr anmerkt, ja nicht mal vermutet, dass sie überhaupt etwas empfinden. Welch gravierende Fehleinschätzung!

Ein Beispiel

In der zivilisierten Welt ist es üblich, dass nur die Frauen während der Schwangerschaft umsorgt werden. Es gibt Voruntersuchungen, Nachuntersuchungen jede Menge, und das ist auch gut so. Aber was ist mit den Vätern?

Kürzlich las ich, dass es bei den Ainus, einem Volk beheimatet auf Hokkaido und Südsachalin, Männerkindbett gibt, d.h., dass auch die Männer an der Geburt des Kindes intensiv beteiligt sind. Kurz vor der Geburt werden sie kränklich und grämlich und krümmen sich am Feuer wie Invaliden. Die Ainus erklären ihr Verhalten so: Die Mutter gibt dem Kind Körper und Leben, vom Vater jedoch erhält es Seele und Geist. Dieser Vorgang erschöpft ihn, und so bekommt er nach der Geburt 12 Tage Ruhe, die Mutter aber nur 5.

Ich will nun nicht behaupten, dass ich viel Geist habe, aber immerhin ich habe welchen, und doch durftest du nach meiner Geburt nicht 12 Tage im Bett liegen – oder? Das ist die Heldenhaftigkeit der Männer, sie leiden zwar, aber sie lassen sich nichts anmerken. Und der Erfolg? Noch nicht einmal am Vatertag werden sie geziemend gewürdigt. Ich aber lege eine Gedenkminute ein und widme sie allen Vätern, besonders aber Dir. Herzliche Grüße voller Andacht und Anerkennung

Dein dankbarer Sohn

Hängt der Himmel voller Geigen,
tanzen Englein einen Reigen.
Ist er aber stürmisch grau,
sind ihre Füßlein frostig blau.

Pfingsten   (Ausgießung des Heiligen Geistes)

Vater unser, du Gott der Liebe und der Wahrheit,
Licht bringt uns deine Gnade.
Deine Gebote sind Schlüssel für ein Leben in Frieden auf
Erden. Sie öffnen den Weg in dein Reich.
Unseren täglichen Geist gib uns heute und vergib uns unsere
Dummheit, wie auch wir vergeben unseren Mitmenschen
ihren Mangel an Einsicht.
Bitte, stärke uns, dass wir uns nicht auf Ehebruch einlassen und
andere rauschhafte Handlungen, die das Fundament unserer
Familien zerstören und unsere Kinder entwurzeln.
Bewahre uns vor Leichtsinn und Überheblichkeit, vor
Schwermut und Angst.
Öffne unsere Herzen, dass wir die Vielfalt deiner Schöpfung
dankbar erkennen und sie gemeinsam achten und bewahren,
ein jeder mit seinem Talent.
Amen

Aprilwetter

Fällt ins Dekolletee dir Schnee,
wird `s Collier zur Schneekette.

April

Sonnenschein
Sonnen –
schein
So `n Schei –
ßwetter

1. Mai
Tag der Arbeit

Für einen hoffnungsvollen Lehramtsanwärter

Das erste Gebot der Beamtenschaft
heißt: "In der Ruhe liegt die Kraft.
Wer sich nicht kräftigt, der erschlafft."
Drum tanke Kraft in Flur und Wald.
Pfleg deinen Geist und die Gestalt;
denn Stress und Hektik machen schnell alt.
Du aber reife fürs Ruhegehalt.

Der Makler

(ein Märchen)

Es war einmal ein Vermögensberater, der konnte wunderschön Märchen erzählen, - so zauberhaft, dass seine Zuhörer dies immer erst bemerkten, wenn es zu spät war. Das brachte ihm ein hübsches Sümmchen ein. Davon kaufte er sich ein prächtiges Schloss in der Schweiz. Und wenn er nicht gestorben ist, dann lebt er dort auch noch heute, zufrieden, froh und glücklich.

(Leitet sich eigentlich Makler von Makel ab, von Macke oder von Makulatur?)

Frommer Banker betet

Lieber Gott,
wenn du glaubst, dass Menschen es verdient haben,
betrogen zu werden, dann schicke sie, bitte, zu mir!

Der volle Sack

Manch` Topverdiener hört man prahlen:
„Elite muss man halt bezahlen.
Gerecht ist oft das 1000fache
von Hartz 4. Verzeiht, ich lache,
wenn Arbeitslose grämlich greinen,
von Neid verätzt, die armen Kleinen.
Doch ich gehör zur Herrenrasse,
ein smarter Typ mit Stil und Klasse,
mit exzellentem Geist und Wissen,
thron über allen Kritiküssen.
Bin unersetzlich längst geworden,
prädestiniert für Ruhm und Orden
und Steuerfreiheit. Bitte sehr,
was wäret ihr, wenn ich nicht wär`?"

Aus fernen Zeiten tönt das Lied der Ähren (W. Busch):
"Du - wärst ein leerer Sack,
wenn wir nicht wären."

Der Meister

Er hat sein Handwerk von der Pike auf gelernt und versteht es, Hand anzulegen an die Augenbraue, die Hosennaht, den Abzug. Das lohnt sich; denn Handwerk hat goldenen Boden. Ja, gelobt sei das Kriegshandwerk, stramm gestanden, rührt euch!

Die Kosmetikerin

Sie hat ihr Handwerk von den Pickeln auf gelernt...

Lehrlinge - (Leerlinge)

Wie bekannt, gibt es in Deutschland schon seit Ewigkeiten keine Lehrlinge mehr - nur noch Azubis.
Um das Andenken an die Lehrlinge jedoch zu bewahren, die einst als Hoffnungsträger des deutschen Mittelstandes galten, soll ihr Wirken noch einmal vorgestellt werden - vielleicht als Anregung zur Nachahmung oder zwecks Wiederbelebung jener Spezies. Von einem Musterbeispiel jener Gattung wird im Folgenden berichtet.

Der Lehrling

Schon morgens früh - etwa um 11 Uhr - sagt sich der leistungswillige Leerling : „Ich gehe jetzt ein paar Gläser leeren; denn nicht umsonst heißt es ja „Leerjahre". In meiner „Leeranstalt" (sprich: in meinem Stammlokal) wartet schon an der Theke mein "Leermeister". Er reicht mir den „Leerplan", d. h. die Getränkekarte und gibt mir wertvolle Tipps bezüglich des besten „Leerstoffes". Mir bereitet die „Leerzeit" Vergnügen und Befriedigung, zumal wenn wir (intim) im Team arbeiten. Möglichst bald möchte auch ich ein anerkannter „Leermeister" (sprich: Komasäufer) werden. Ich fühle es, mein Kopf wird schon immer „geleerter". Aber, wer nach „Leererfolg" strebt, muss auch tüchtig „Leergeld " zahlen. Ich jedenfalls bin jederzeit gern zu Opfern bereit, auch wenn der „Leerauftrag" lautet: „Auf ex - Prost!"

Zum Beispiel Paul

Wer solch` aufopferungsvolle Leerzeit mit Gewinn durchlaufen hat, aus dem wird garantiert ein „Mann für alle Fälle", d. h. einer, der zu allem fähig ist (und zu nichts zu gebrauchen). Wenn so ein Mann irgendwo gesucht wird, kann ich bestens meinen Kumpel - den Paul - empfehlen. Er hat Referenzen auf allen Gebieten, z.B. hat er jahrelang erfolgreich als Feuerschlucker bei der freiwilligen Feuerwehr gearbeitet, später wurde er bei der städtischen Müllabfuhr eingestellt als Müllschlucker und Staubsauger. Auch machte er sich lange Zeit nützlich bei einem Gärtner als Raupenschlepper. und bei einem Zahnarzt jobbte er als Gebissträger. In einer Hotelküche arbeitete er sich hoch bis zum Gabelstapler. Unbegrenzt ist er einsatzfähig und sich für nichts zu schade. Eine Zeit lang hat er sich auch als Fußballprofi bewährt - im Tor - als Zuhälter. Ruhm erwarb er des Weiteren als Politiker in der Opposition als Meckermeister - manche sagen auch Oppositionsführer. Nie wurde ihm die Arbeit sauer - nur einmal, aber das ist verständlich, da malochte er nämlich auf einer Plantage als Zitronenfalter. Von wegen „Sauer macht lustig". Lustig war für ihn hingegen die Arbeit in einem Haus der Freude als Büstenhalter. Fazit: Lehrjahre sind keine Herrenjahre, aber wer `s richtig anpackt, aus dem wird auch was.

Zurzeit ist Paul Direktor einer Ich-AG, Arbeitsfeld: Berufsberatung. Wenn Sie Beratung brauchen, einfach anklicken im Internet unter www tuwas de.

46

Für ernsthaft Suchende
Es gibt noch viele, zwar wenig
bekannte, aber hoch interessante
Beschäftigungsmöglichkeiten, zum
Beispiel beim Bäcker als Gebäck-
träger   und Tortenheber,

in der Textilbranche als Sockenhal-
ter, im Büro als Briefbeschwerer,

in der Gastronomie als Cognac-Schwenker oder auch freischaffend als
Würstchen-Stuntman. Wer gerne Prospekte studiert, eignet sich bestimmt gut als Anstreicher, und wer viel Kraft hat, in `ner Kfz-Werk-
stätte als Wagenheber. Übrigens als Wanderführer hat man steile Auf-
stiegsmöglickeiten. Der absolute Traumberuf aber ist Urlaubsvertreter,
d.h. wenn ein Stressman an seinem Arbeitsplatz unersetzlich ist, geht
man für ihn, damit sein Urlaubsanspruch nicht verfällt, auf Reisen, vielleicht ja mit dessen vernachlässigter Ehefrau. Also, ich bin der Ansicht,
wer ernsthaft nach Arbeit sucht und sich was einfallen lässt, der findet
auch welche und sei es auch nur als Ladenhüter. Wetten!!! Wer aber
immer für alles zu müde ist, der sollte zur Bundeswehr als Gähneral.

Der Brocken

In der guten alten Zeit, als noch keine Fernsehge-
räte das Familienleben prägten, guckten die Leute
allabendlich, statt in die Flimmerkiste in den Mond.
Viele Menschen wurden damals richtig mondsüchtig,
- „high" sagt man heute. Diese Süchtigen beschafften
sich `n handelsüblichen Besen und „hex, hex" düsten
sie zum Blocksberg; denn dort war der Empfang des
Mondprogramms besonders exzellent,
discomäßig cool, einfach kultig. Mit Power ging `s
rund wie heute am Nürburgring. Die Mondis hoben
ab, flippten aus und rasten, es war der helle Wahnsinn!!! – durch die Luft, bis ihnen schwindlig und
übel wurde. Deshalb heißt der Brocken im Volksmund auch „Kotzbrocken."
Feine Menschen aber reden schlicht und einfach nur
vom Brocken.
PS Es gibt auch eine berühmte Lexikonreihe, in
der so viel an Wissen enthalten ist, dass einem ganz
schwindlig werden kann. Im Volksmund heißt der
Brockhaus deshalb auch (s.o.).., aber feine Menschen
beißen sich eher die Zunge ab, als wegen billiger
Lacher sich billiger Pointen zu bedienen.

Eine Schönheitskönigin im Harze
Hütet auf ihrer Nase `ne Warze.
Die ist bemoost,
wenn man sie kost,
versteift sie sich und dann knarrt s'e.

48

Apotheose

Zigarettenstummel auf der Unterlippe,
wenn sein Kiefer Worte kaut.
Seine Sicherheit, gespielt, beeindruckt.
Nur die Stimme klingt ein wenig laut.
Dicke Silberringe trägt er an den Fingern.
Seine Lederjacke schwingt im Wind,
und er geht mit schweren Schenkeln,
die mit Kraft beladen sind.
Ist oft mürrisch, und fast achtlos
kreist sein Blick im Nirgendwo,
hebt die Flasche an den Mund und gurgelt
hartes Männertremolo:
Dass sein bester Freund noch sein Motorrad
und die Spießerwelt ein Jammertal,
wischt den Bart und spuckt und rülpst
und tritt kraftvoll die Maschine an,
dass der Motor knurrt, doch die Sonne lächelt,
und paar Schüler sehen ihn staunend an.
Eine Wolke noch, Kanonengrollen,
Höllenengel, Chrom und Stahl.
Durch die grauen Städte bricht Gewitterleuchten,
und erotisch Sehnen kribbelt leicht
zwischen Schenkeln, die sich pressen,
wenn der Wind sie sausend streicht.
Auf zum Hexensabbat auf den Feuerstühlen.
Heulen, Dröhnen, Lust und Qual,
und die Straße duckt sich zitternd –
Motoreros, Kraft, PS, Fanal.

Mairegen

Mairegen bringt Segen - ?
macht Opa pitschnass.
Er flucht wie ein Stallknecht,
da wird Oma ganz blass.

Die Enkelchen staunen:
Der Worte Gewalt
bringt Opa in Hitze,
obwohl ihm eben noch kalt .

(Tag der Literatur)

Ein Tipp für hoffnungsvolle Nachwuchsautoren:
Wer seinen Füller in Gülle tunkt, kann sofort dufte schreiben.

Attraktive Lektüre

Das feurige Fräulein Madlene
dichtet Vese hinreißend schene
Jeden Mann
lockt sie so an;
denn sie schreibt sie auf Brüste und Beene.

Die BZ

ist das Märchen- und Sagenblatt der Nation, gewürzt mit Zoten, Witzen, Kolportagen. Die Leser der BZ dürsten nicht nach Wahrheit, sie wollen 'ne Story und Bilder, Bilder, Bilder. Die BZ ist die moderne Biblia pauperum.

Rätsel

Was ist der Unterschied zwischen einem Bauchtrimmer und einer Bildzeitung? (Der Bauchtrimmer sorgt für 'ne schlanke Taille, die BZ für ein schlankes Hirn.)

Ein Lied

(1968 wurden in der Springerpresse Studenten als lang behaarte Affen
dargestellt.)

Leute, hört das Lied vom lang behaarten Affen!
Er hockte einst im Käfig. Die Käfigtür stand offen.
Da entfloh der Aff'. Ach, hätt' er `s nie getan.
Er denkt, er denkt auch heute nur schaudernd noch daran.

Des Affen Flucht gelingt. So wächst sein Übermut.
Aus einem Korb voll Wäsche fischt er sich Hos' und Hut.
`nen Hemd und einen Schal. Hätt` er `s doch nie getan.
Er zieht mit Affenklugheit sich alles richtig an.

Schon wird er keck und kecker, geht unbekümmert los,
`ne Oma kommt des Weges, ihr Ärger ist sehr groß.
Sie starrt durch ihre Brille, fragt sich, was der hier schaffe?
Ein Park ist nicht für Typen da mit Haaren wie ein Affe.

Auch kommen zwei Beamte – rasiert und manikürt.
Der ungewohnte Anblick, der hat sie irritiert.
Früher gab es so was nicht. Da hat man das vergast.
So haarige Subjekte! Da hat sich `s ausgespaßt.

Dem Affen wird ganz bänglich. Er will beiseite gehen.
Jedoch zwei Arbeitnehmer die haben das gesehen.
Sie sehen die Borstenhaare und das zerknautschte Hemd
und schließen deshalb logisch: Das ist doch ein Student.

Von unsern Steuern lebt er, spaziert durch unsern Park,
genießt das schöne Wetter, verprasst die Steuermark.
Wir werden ihm eins schlagen. Der eine greift zum Ast.
Bevor der Aff' kapiert, kriegt er schon paar verpasst.

„Nimm dies, nimm das, du Gammler." Sie hauen ihm aufs Hemd.
„Glaubt ihr denn, dass ihr alles bei uns hier machen könnt?"
Der Affe taumelt seitwärts an einen fremden Mann
und dieser weicht und schreit: „Hilfe, der greift mich an!"

Da gibt es kein Halten. Die Volkesseele kocht.
Zwar tolerant ist jeder, nur wird mancher nicht gemocht.
Die ersten Steine fliegen. „Hau ab, du Asylant!"
Der Affe nimmt voll Panik die Beine in die Hand.

Vorbei am Kindergarten – die kleinen Kinder kreischen.
Der Affe hastet weiter, kann nirgends Gnad' erheischen.
Ein Schutzmann, Freund und Helfer, drischt mit dem Gummistock.
Der Affe der versteckt sich bei einer Frau unterm Rock.

Jedoch die Frau hysterisch schreit wie die Feuerwehr-
Sirene grell und gellend. Den Affen schreckt das sehr.
Er flieht, ein Paniksprung, hinauf den nächsten Baum,
schwingt über eine Mauer und fasst sein Glück noch kaum.

Er landet vor seinem Käfig. Die Käfigtür ist offen.
Es warten Pfleger und Wächter auf seine Rückkehr hoffend.
Bananen locken und Nüsse. Der Direktor sorgt sich sehr.
Aufs Affenwohl bedacht ist ein Reporterheer.

Der Affe springt in den Käfig und hält die Türe zu.
Ein Psychiater analysiert: „Der Affe braucht Ruh."
Auf Zehenspitzen deshalb entfernt sich die Wohltäterschar.
Der Affe sitzt verängstigt noch lang mit gesträubtem Haar.

An seinen behaarten Pranken hängt sein zerfetztes Gewand.
Von Herzen ist er dankbar, dass er kein Asylant,
kein zugereister Fremder. Demütig sieht er ein:
Lieber geborgen im Käfig als unter Wilden im Freien.

Das „**gesunde Volksempfinden**" ist eine Erfindung kranker Gemüter.

Wer eine BZ kauft, sorgt durch seinen Obolus für die Verbreitung von Schwachsinn und Primitivkultur in Deutschland.

Frühling auf dem Lande

O Jauche
O Jauche
O jauchze mein Herz, o,
es ist Frühling.
O jau, jau, Jauche.

Zum Muttertag

Eiszeit

(Gedanken eines Zehnjährigen)

Ich kann nicht meine Mutter weinen sehn.
Ich bin so müd`, wenn ich nicht trösten kann.
Ich kann nicht meine Mutter weinen sehn,
wenn ich ihr Leid nicht lindern kann.

Sie hat für mich gewacht,
ließ niemals mich allein.
Sie hat mir zugelacht
bei mancher Not und Pein.
Doch ich kann noch nicht dankbar sein
und ihre Sorgen teilen;
denn leider bin ich ja zu klein.
Man sieht's an diesen Zeilen.
Als ein Gebet schreib ich sie hin.

O, Gott, lass Sonne scheinen
für meine treue Wächterin
und lass sie nicht mehr weinen.

Zum Omatag

Ein Brief

Liebe Omi,
zu Deinem Geburtstag sende ich Dir meine herzlichen Glückwünsche!
83Jahre (oder habe ich mich verzählt?) das ist fürwahr ein stattliches
Alter. Zwei Weltkriege hast Du überlebt. Bist vielfache Millionärin (In-
flation) gewesen und hast Dinge gesehen, die ich mir kaum vorstellen
kann. Wie war das damals – das Badeleben, die Mode, die ersten Autos?
Eigentlich weiß ich sehr wenig, was Du alles bisher erlebt hast; denn
Du bist eine so dankbare Zuhö-
rerin, dass ich in meiner Redse-
ligkeit nur selten die Möglich-
keit wahrgenommen habe, Dich
zu befragen. So weiß ich nicht
sehr viel von Dir, aber doch
Wichtiges: Du bist die Mutter
einer Tochter, die ich sehr gern
habe; denn gäbe es sie nicht,
gäbe es mich nicht und sie gäbe
es nicht – gäbe es Dich nicht.
So bin ich Dir dankbar nicht nur
dafür, dass Du praktisch meine
Geburtshelferin gewesen bist,
sondern besonders auch dafür,
dass ich, wenn ich Sorgen hatte,
mich jederzeit an Dich wenden konnte. Du hast mir immer zugehört
und hattest Zeit für mich, als wäre das selbstverständlich. Gerne würde
ich deshalb an Deinem Geburtstag bei Dir sein und mit Dir feiern. Aber
das ist nicht möglich, weil ich meinen Schülern Wissen eintrichtern
muss. Aber bald sind ja Ferien, und da werde ich Dich sicherlich besu-
chen können. Vorerst wünsche ich Dir eine vergnügliche Geburtstags-
feier mit vielen frohen Gästen! Ganz besonders aber wünsche ich Dir
Gesundheit und viel Freude im neuen Lebensjahr! Herzliche Grüße und
Küsse Dein Gerd

Frühling

Träumend sitz ich im Garten,
freu mich der Sonne
und begieße die Schneeglöckchen
meiner Hoffnung .

Der Himmel lastet staubig grau.
Die Sonne will nicht lachen.
O Petrus, sag mal deiner Frau,
sie könnt mal sauber machen.

Frühjahrsmüdigkeit ?

Ein jeder Tag ist eine Wundertüte,
die ich öffne. Ach, du meine Güte.
Ich blas sie kräftig auf, schlag drauf und bumm -
schon wieder ist ein Tag wie nichts herum.
Dann schlaf ich ein und träum, das macht die Nacht.
Sie rast vorbei im Nu, eh` ich `s gedacht.
Ein neuer Tag beginnt. Mann, bin ich müde.
Wer weiß, vielleicht ist dies die letzte Tüte.

Trübe Aussichten
Wie Euter hängen prall und voll
am Himmel dicke, fette Wolken.
Ihr armen, armen Engelein,
wann habt ihr die alle gemolken?

Mal ist der Regen zu sauer, mal zu süß. Die Leute haben immer was zu meckern. Petrus hat `n verdammt schweren Job.

Frühjahrsputz

Wolken sind die Putzlappen Gottes, mit denen die
Englein den Himmel blank putzen.

Zum Beginn der Tennis-Sandplatz-Saison (holladihi....)
(Lass dich nicht veraschen!)

Tennis macht locker, Tennis
entspannt.
Schon mancher hat locker
sein Racket verbrannt.

Der Tennisdress ist weiß und
adrett
wie der vom Herrn Doktor
im Lazarett.

Tennis verbindet, das sieht
jeder ein,
drum steckt beizeiten Ver-
bandszeug ein.

Die Ranglistenordnung verbessern wir.
Ranglistenerster wird Mr. Freibier.

Bei den Frauen ist die Entscheidung hart.
Streuselkuchen kämpft gegen Kartoffelsalat.

Ist Tennis sexy? Na, in jedem Fall
behalte die Augen immer am Ball.

Frau Meier hat so ein
Hemdchen an,
dass man die Bälle gut
sehen kann.

Da bleibt kein Tennisfan
mehr kühl.
Was tut man nicht alles
für `s Ballgefühl.

Ein gemischtes Doppel, da biste perplex,
gilt laut Oswald Kolle als Gruppensex.

Manche Frau fängt zu träumen an.
Mit `nem Ball in der Hose, wirkt potent jeder Mann.

Und willst du der Allergrößte sein,
steck in die Hose `ne Dose hinein.

Hörst Tennisspieler du kräftig fluchen,
so sicher, weil sie grad `n Fluchball versuchen.

Beim Tennis bleib immer gelassen und cool.
Das schaffst du am besten im Liegestuhl.

Bei `ner Tennismutti im Verein wohlbekannt,
kriegt `s Baby nicht Windeln, nein, es wird neu bespannt.

Und womit sie `s ernährt, ist allen längst klar -
mit Vollwertmüsli und Isostar.

Im Kinderzimmer wie modisch jetzt,
hängt statt `ner Gardine ein Tennisnetz.

Der Weihnachtsmann der alte, der
gute,
bringt heuer ein Racket statt einer
Rute.

Die Englein nicht minder wach und helle
verpacken statt Äpfeln Tennisbälle.

Doch schlag nicht zu fest, mit zuviel Elan;
denn manche sind aus Marzipan.
Und besonders groß ist das Malheur
sind sie gefüllt mit Eierlikör.

Die Tennisjugend drängt vor ungeniert.
Hoffen wir, dass kein Champ seine Windeln verliert.

Aufschlag As, Aufschlag As, Aufschlag
Doppelfehler, uuuh.

Trinkspruch
Kapitän: „Aufschlag, Return ".
Mannschaft: „Vorhand, Rückhand".
Kapitän: „ Kusshand".
Alle: „ Prost".

Manche sagen: „Beim Tennis geht es nicht um Leben und Tod, es geht
um mehr."

Letzter Wille
Bin ich gestorben, geliebter Schatz,
meine Asche streu hin auf `n Ascheplatz.
(holladihi ....)

Der weise Hirsch

Es gingen drei Ladys einst auf die Pirsch.
Sie wollten erjagen den Tennisplatzhirsch.

Sie legten sich in einen Liegestuhl.
Da kam schon der Hirsch, doch er tat ganz cool.

Die erste lupfte ihr Dekolletee.
Der Platzhirsch sah es und errötete.

Der zweiten verrutschte der Tennisrock.
Der Platzhirsch bekam fast vor Freude `n Schock.

Die dritte fragt ihn ganz ungeniert,
ob er ihr ein wenig den Rücken massiert.

Da packte den Platzhirsch der Liebe Brunst.
Doch all sein Bemühen das war umsonst.

Sie haben ihn nur zum Butler gemacht.
Ihn heimlich verspottet und ausgelacht.

Das merkte der Platzhirsch und hat verstört,
nur abziehend noch an der Theke geröhrt.

Da dröhnte er sich seinen Schädel zu
und lässt seitdem alle Mädel in Ruh.

Das tut mancher Lady heute schon leid.
Sie wär ja so gerne zu manchem bereit.

Jedoch der Platzhirsch ist nun klug und gescheit.

Brief aus der Provinz

Bei uns in den noch urigen Uplandgemeinden ist das Schützenfest der ultimative kulturelle Höhepunkt des Jahres. Wer bei einer solchen Veranstaltung den Vogel abschießt, wird König und ist stolz darauf und ab sofort prominent, huldvoll und jovial. Es scheint fast so, als hätte sich der echte Upländer noch immer nicht so recht an die Demokratie gewöhnt, und wenn er nun mal die Gelegenheit hat, ein wenig Monarchie zu spielen mit König und Hofstaat und Untertanen, da blüht sein Gemüt, da geht ihm die Seele auf. Wie bekannt, brauchen Schützen Munition für ihre Gewehre. Die Mitglieder der Schützen-Blaskapelle hingegen benötigen Kürbiskerne, die helfen gegen Blasenschwäche. Bei dem vielen Freibier und den Schnäpsen sind sie ein Segen.

Also, ich finde Schützenfeste echt zum Schießen und freue mich, dass sie in einer halben Woche vorbei sind, da könnten sich die Karnevalisten mal ein Beispiel nehmen!

Bei Schützenfesten geht es um Tradition. Statt vom „Schützenkönig", könnte man auch werbewirksam (neudeutsch!) vom „Schützen-Kingkong" sprechen (nein, das klingt zu affig!) oder vom „Shooting-Star" (schon besser, aber immer diese Anglizismen).

Man könnte die ganze Veranstaltung als „Star Wars" aufpeppen und die Schützenkapelle als die „Klinggonen" ankündigen. Aber nein, Tradition ist Tradition! Und die Parade der schmucken Mannsbilder und ihrer ebenbürtigen Hoheiten ist doch nun wirklich ein Augenschmaus! – (Oder?). Ich bin jedenfalls glücklich darüber bei dem großen Umzug als Zuschauer unbehelligt am Straßenrand stehen zu können, trotz meiner etwas linken Gesinnung, und ich applaudiere spontan und gestehe freimütig: Manchmal habe auch ich einen königlich in der Krone und dann lästere ich gerne ein wenig, aber nur aus Sympathie – hihi-hiks, prost, König!

Schützenfest nach einem Wolkenbruch

Erkenntnis

Es sprang der König der Schützen
tollkühn in die größte der Pfützen,
und sein Hofstaat
ihm nach es tat;
denn besser als schießen ist spritzen.

Frau Königin hatte `ne Base.
Bei Problemen gern hilfreich war s`e.
Doch zumeist in der Tat
wusste sie keinen Rat,
sondern bohrte nur stumm in der Nase.

Herr König hatte `ne Blase,
zur Unzeit oft undicht war s´e.
Drum trug er `ne Windel
und sein Hofgesindel
hielt er auf Abstand durch
wahrhaft majestätische Gase.

Trunkener Heimweg

Nie ist die Welt so - huup - so wunderschön,
wie wenn die Himmelsterne - huup -
`n Loop-`n Looping drehen.
Die Bäume paaren sich - hiks -. Aus einem werden zwei.
Doch lehn ich mich mal an - kiks - plumps immer ich vorbei.
Zwei Monde spenden ihren Schein
und lauter Kurven hat die früher grade Straße.
Ich finde das ja so gemein
und falle immerzu auf meine Nase.
Meine Nase ist der letzte Modeschrei.
Sie ist so blau .Man - huup - man sagt,
das kommt vom Saufen.
Sie ähnelt sehr der Popo – Polizei,
wenn ich mal trinke fangen beide an zu laufen.
Die Polizei, die ist mein Freund und Helfer,
und ohne sie find ich heut' nicht nach Haus.
`ne feste Zelle kostet keinen Elfer.
Ich - huup - ich fühl mich dort schon wie zu Haus.

Auf ein Bier (Hymnus)

Du strahlend in Weiß
über schimmerndem Gold
du Blume der Blumen
du herrliche du
beglückest den Menschen
erquickst seine Seele
du Wunder wirkende
Liebliche, oh.
Hätt` ich nicht dich
ich müsste verzagen
du strahlend in Weiß
über schimmerndem Gold
du Blume der Blumen
du Traum meiner Seele
du Menschen erquickende
Köstliche, du.
Schon hör ich die Engel
dir Loblieder singen
die Sterne funkeln
es dreht sich die Welt
o du Blume der Blumen
dich will ich preisen
du Wunder bewirkend
uns selig erquickend
du herr - du huup -
du Herrliche du.

67

Trinkspruch

Wahre Schönheit kommt von innen, drum lasst uns einen edlen Tropfen genießen, damit es innen so richtig schön wird.

Am meisten Spaß machen Dinge, die man gut kann. Wer nur gut saufen kann, den finde ich zum Kotzen - hiks -.

Ein Sagwort
„Ich stehe voll hinter dir," sagte der Betrunkene geplagt von Brechreiz.

Ein Rätsel
Wie heißt der Schutzheilige der Alkoholiker? (Klaus Störtebeker, d.h. Stürz den Becher!)

Schützenkompanie = Adi Blabla und die 40 Säufer

Im Suff fühlen sich Suffköppe so richtig sufferän.

Die Liebe

ist schön im Janu -
und auch im Februar,
besonders aber im März,
da ist sie wunderbar,
auch im April und Mai,
im Juli und Julei,
auf Kuba und Hawaii,
im August und September,
im Okto – und November,
im Schnee und im Dezember.
Das wissen alle hier.
Drum wollen wir stets lieben.
Lieben wollen wir -
den Schnaps und auch das Bier.
Prost!

Wellness (oder -) Plötzliches Erwachen

Ich träum`, dass ich eine Wiese bin -
sehr bunt, sehr zart, sehr leicht.
Ich träum`, dass ich eine Wiese bin,
und Falter fliegen über mir hin,
Wind über die Gräser streicht.

Ich bin sehr leicht, und Blumen blühen
im hellen Sonnenlicht.
Vielfarbig bunt die Blumen blühen
in meiner Haut, die grasig grün,
in Haaren und Gesicht.

Die Sorgen sind versunken ganz.
Nur Mückchen summen leise,
und Kühe käuen Pflanz um Pflanz,
doch plötzlich – eine hebt den Schwanz,
(Nun bin ich wieder munter ganz.)
Verdammt, verdammte Sch...

(Alternative Heimatlyrik)

Es lächelt der See

Seht den See, ist er auch klitzeklein,
drin spiegelt sich goldiger Sonnenschein.
Wer hat die Pracht
so herrlich gemacht?
Es war ein Hundchen - ganz klitzeklein.

Tirili

Jaucht der Bauer jauchzend sein Feld,
flüchtet die Lerche zum Himmelszelt -
tirili i-i ,tirili –i-i-i-iii.

Konzert
Die Biene ihr Lied auf der Wiese summt -
Der Knacki indes ganz woanders brummt.

Idylle

Nervtötend zirpt ohn` Unterlass
im tiefen Gras die Grille .
Jedoch ich habe eine Zwille
„peng"
Stille.

Mäusetraum

Auf einer Wiese sitzt ein Kätzchen,
das faltet seine Krallentätzchen
und seufzt - die Augen wehmutbang - :
„O, welch ein Sonnenuntergang!"

Ein Mäuslein traut dem Frieden nicht
und spricht sein Gutenachtgedicht,
schließt müde dann die Äugelein
und träumt davon ein Hund zu sein,

dass alle Katzen fliehen auf Bäume!
Ach, es gibt wunderschöne Träume....

Romantik

Hier klappert keine Mühle.
Das weiß ich gewiss.
Du irrst dich Liebling.
Das ist mein Gebiss. (holladihi, holladiho...)

Dufte
Der Städter wird vor Andacht blass,
gluckert golden der Strahl aus dem Güllefass.

Wolken sind nicht leicht zu fassen -
nur manchmal, wenn sie Wasser lassen.

Regen

Es regnet nicht nur momentan.
Der Hofhahn fällt in sanften Wahn
und hält sich für `n Wasserhahn.
Stolz steht er da mit starrem Kopf,
und von dem Schnabel rinnt `s
tropf...tropf...tropf...tropf..........

Es regnet, es regnet,
o Mann, o Mann, o Mann.
Und wenn `s genug geregnet hat,
fängt es von vorne an.

(Melodie: Der Mai ist gekommen ...)
Ein Lied

Der Sommer ist kommen ,wohl in des Himmels Rund
da gleiten und schweben nun Falter kunterbunt.
Die Thermik ist prächtig. Schon geht `s im Aufwind hoch
hinauf.
Ein Pfarrer sehnsüchtig schaut sich die Augen aus.

Gleitschirme tanzen beschwingt am Himmelszelt.
Den Pfarrer durchdringt es - o, schön ist Gottes Welt!
Er spannt seinen Gleitschirm, schon trägt der Wind hinauf
auch ihn.
Man sieht ihn aufsteigend, selig Kreise ziehen.

Der Drang nach oben schafft Menschen höchste Lust.
Frei fühlen, frei atmen, da dehnt sich jede Brust.
Wenn Blicke sich weiten, braucht es keine Predigt mehr.
Der Pfarrer hoch droben ist Gott jetzt schon viel näher.

Ikarus

Wenn die Sonne aus den Wolken bricht,
schwing ich mich auf.
Trage mich Wind.
Halte mich.
Durchdringe – erfrische mich,
belebender Rausch.
Ich tausch mein Glück nicht ein,
Adler im Wind zu sein.
In Meeren aus Licht
kreise ich
und schwinge.
Des Sonnenlichts Klinge
wirbelt im Strahlentanz.
Den Winden gehör ich ganz.
Wie sie will ich sein.
Waren die Sinne blind,
schleife kristallener Wind
sie wieder klar.
Frische, du spülst mich rein.
Gefahr, du sollst Halt mir sein.
Halte mich Wind.
Halte mich.
Leite mich.
Auf dir Wind reite ich.
Trag in die Weite mich.
Weit trage mich Wind.

Der Himmelhund

Vogelfrei durch die Lüfte zu gleiten
ist Menschheitstraum seit frühesten Zeiten.
Unbeirrt von irdischen Dingen,
schwerelos mit federnden Schwingen
als König der Lüfte mit Noblesse
so bin ich geflogen – voll auf die Fre...

Fred meint, ich hätte dabei noch unheimlich Glück gehabt.
Na , dann Prost !!!

Das Gewitter

Es goss in Strömen, und der Donner rollte
bedrohlich näher über Fluss und Feld.
Ein Narr, wer da spazieren gehen wollte.
Die Wolken hingen schwer, der Donner rollte,
und Wasser floss um unser kleines Zelt.

Ängstlich lagst du auf deiner Luftmatratze.
Die Blitze schreckten dich. Du wurdest schwach.
Du kamst zu mir wie eine kleine Katze
nach Wärme suchend, einem trockenen Platze.
Dieweil der Regen hämmerte aufs Dach.

Wir rückten enger noch als eng zusammen.
Du kuscheltest dich ein in meinen Arm.
Kein Moralist kann uns zu Recht verdammen.
Der Himmel selbst schickte uns Blitzesflammen.
Da wurde langsam uns ganz prächtig warm.

Es goss in Strömen, und der Donner rollte.
Doch unser Zelt hielt stand in jener Nacht
wie eine Festung, und dein Lachen tollte
so übermütig, dass der Sturm sich trollte;
ihm folgte eine wunderfrische Nacht.

(Beginn der großen Ferien) Kanon

Im Leben im bisherijen
waren am schönsten stets die Ferien.
Gäb `s mehr als die bisherijen,
ich würd mich nicht beschweren.

Ferien

Ich werde die Sonne aufwecken am Morgen mit einem Lied.
Meine Beine zum Himmel strecken, Bücher lesen, Gedanken-
Gymnastik treiben - träumend. Zaubertricks lernen (Vermeh-
rung des Kleingelds - nenn `s Phantasie), Briefe schreiben
und vor allem den größten Luxus genießen: all das nicht tun
zu müssen, was ich mir vorgenommen und es vielleicht doch
tun.

In der Sommerzeit

In der Sommerzeit
wenn die Sommersonne gleißt,
wenn ihr Feuerhauch
dich wie Raubtieratem beizt,
dann mach `s halblang,
lass die Arbeit,
fahr zur See.

Schwimm im frischen Wasser
wie ein silberheller Fisch,
tauche tief hinab,
bis die Helligkeit erlischt,
fühl das Wasser,
seine Kühle,
werde frisch.

Fang dir flink `ne Nixe
noch im kühlen Wasser ein.
In der Sommerzeit
und im Sommermondenschein
ist es heiß.
Du brauchst Kühle.
Es ist heiß.

In der Sommerzeit,
wenn die Sommersonne gleißt,
wenn ihr Feuerhauch
dich wie Raubtieratem streicht,
schärf die Tatzen,
werde Löwe.
Such dir Fleisch.

Sonnenstich

Die Sonne ist ein Fabeltier
mit schillerndem Gefiede .
Sie kikelt kichernd: „Kikeriki, "
ist eitel wie ein Federvieh
und wippelt auf und nieder.
Legt hier ein Ei,
legt dort ein Ei,
legt noch ein Ei.
O ei, ei ,ei
und ruht sich aus im Flieder.
Der Flieder kriegt `n Sonnenstich.
Der Leser war besonnen nicht,
der hier sich einen Sinn erhofft.
Der Sinn ist lange weggelooft.
1,2,3, o welch ein Graus:
Der Leser kommt ins Irrenhaus.
Das Gedicht ist aus.
Der Dichter geht beschwingt nach Haus.

Verträumtes

Kürzlich im Traum träumte mir, dass ich träume. Aber als ich dann auf-
wachte, merkte ich, dass ich schlief.

Glück

3 Vögel
eine Wiese
Butterblumen
ein kleines Kind
Sonne
blauer Himmel
ein bunter Ball
Klee
Wind
Blätter
ein Schluck zu trinken
noch zwei Kinder
noch eine Sonne
noch ein Schluck
Gelächter Gesang Gedichte

Sommer

Schwebender Luftballon - ich
erträumter Weg
zufälliger Gedanken

Blauauge Himmel
Goldwimper Sonnenstrahl
Spielbruder Wind
Immeran
will ich träumen

Picknick

Wie ein prächtiges Spiegelei
golden umflort
hängt die Sonne am Himmel.
Freund, reiche mir
Messer und Gabel
Schinken und Speck -
das gibt ein Mahl.

Swing low

Ich treibe eine Wolke leicht
zwischen Himmel und Erde dahin.
Die Sonne meinen Atem bleicht,
hin in den Winden schwebe ich leicht
und ahne kaum, dass ich bin.

Sterne spiegeln sich trunken im Meer.
Geheimnisvoll lockt die Sommernacht.
Sanft treibe ich am Himmel daher
wie eine Ahnung ins Ungefähr
ziellos und ohne Fracht.

Sonne sinkt in mich und Sternenlicht.
Wohin die Winde auch wehen,
ins Dies- oder Jenseits, ich frage nicht,
ich sinke in Nächte, sinke ins Licht
und lasse es willig geschehen.

Vision

Ein dicker Mond
schlummert in meinen Haaren.

Mein Haar wiegt sich im Düsenflugzeugwind.

Vergnügt und rosig
wie ein kleines Kind
hopst flink ein D-Zug
auf mein siebtes Knie.

Er denkt sich nichts dabei.
Warum auch denken?
Er sieht dem Opaelefanten zu,
denn der übt Kopfstand immerzu
als Mittel gegen Haarwuchs.

Zwei Krokodile staunen sehr.
Eins knabbert sanft an meinem Zeh.
Der ist `ne Insel von `nem See
inmitten der Sahara.

Dort schneit es.
Milder Sonnenschein tropft
in mein Nasenloch hinein.
Drin ruht der Narren Weisheitsstein.
Wer bohrt, der kann ihn finden.

Christliche Sehfahrt
(holladihi- holladiho)

Ein Sehgang im Sehbad erfreut allweil sehr;
denn jeder Sehmann liebt Sehverkehr.

In Sehbädern gibt es sehr viel zu sehen:
Sehsterne, Sehnelken und Sehrosen.

Sehgurken, Sehdrachen und manche Sehkuh.
Wer muffig blickt, gilt als Sehbarsch im Nu.

Raubt dir wer im Sehbad die gute Sicht,
ist er ein Sehräuber, stimmt `s oder nicht?

Will dieser Räuber nicht von dir weichen,
bist du berechtigt zu Sehnotzeichen.

Wenn ich im See `ne Seejungfrau seh,
robb` ich näher zum Strand und spiel Sehelefant.

Fängt des Sehbärs Sehrohr vor Lust an zu beben,
spricht man nautisch korrekt von leichtem Sehbeben.

Zauberverse

Tiefen, Höhen
Berge, Zwerge
Musikanten
Elefanten
trip, trip, trip
trap, trap, trap

Wolken, Donner
Winde, Blitze
schlaue Männer
dumme Witze
hurrdiburr
hihihi
hohoho

oben, unten
über morgen
längst vergessen
stets im Sinn
rum tata
tiralala
Unsein sinn
kling ling

Von der Gerechtigkeit

Nachdem es im Magen einer Kuh rumort hatte, flatschte es plötzlich
mächtig und einige dampfende Kilo Spinat prasselten in der Nähe lieblich duftender Wiesenblümchen zu Boden.
„Hilfe, Hilfe, das Unkraut stinkt ja entsetzlich, " klagte angewidert der
aufplatschende Neuankömmling.
„Wir stinken überhaupt nicht, " verteidigten sich die erschrockenen
Blümchen gekränkt. Fast wäre es zum Streit gekommen. Aber da nahte
sich auch schon als objektiver Richter ein dickbauchiges Rindvieh.
Bevor die Blumen noch begriffen, wie ihnen geschah, waren sie schon
abgerupft und aufgefressen. Der Haufen aber lag unbehelligt wohlig weiter auf der Wiese und freute sich seiner guten Beziehungen.
(Ist das nicht dufte?)
Happy End
Nach einigen Tagen (oder waren es Wochen ?) wurde ganz allmählich
aus dem verwesenden Haufen segensreicher Dünger und es wuchsen
dort, wo er gelegen hatte, neue Blumen und sie gediehen prächtiger als
je zuvor. Das gefräßige Rindvieh aber wurde vom Metzger geholt und
geschlachtet. So kam es, dass die Gerechtigkeit zum guten Ende doch
noch siegte.
Moral: Es gibt schon Gerechtigkeit auf der Welt – . Wartet `s nur ab!

Ballade

O wei,
ein Hai.

Ein Hai?
Nein zwei, drei ...
Einerlei - Schrei!
Schrei!

Wellen wellen,
prellen, schellen,
schnellen.

Schnell, schnell,
ich fühle Sand,
dort
dort ist Land.

Halte aus
gradeaus
Badehaus
Wade raus

Bin gerettet.
Linn gebettet.

Auf ein Halskettlein

Es war in einer lauen Nacht.
Da sah er ihres Ausschnitts Pracht.
Da sah er viel und fühlte wie ein Mann.

Hat unverwandt sie angeschaut
ihre sanfte, zarte Haut
und verfiel allmählich ihrem Bann.

Keine Frau war je wie sie.
Lüstern bis zu ihrem Knie
tastet er fast unbemerkt sich vor.

Die Weite ihres Dekolletee
lockte ihn in ihre Näh,
verlockte ihn, und staunend wie ein Tor

verfiel er einer wilden Lust.
Sie tat, als wär `s ihr nicht bewusst
und beugte sich einladend zu ihm vor.

Verlockend war der Brüste Schein.
Er wankte, schwankte, fiel drauf rein,
und ihr Büstenhalter schnappte zu.

Platt war er. Sie hat gelacht
und ihn vollends flach gemacht,
an ein golden Kettlein ihn gehängt.

Wer nennt die Lust? Wer nennt die Pein?
In ihrer Brüste Elfenbein
ist er wie im Schraubstock eingezwängt.

Da hilft kein Klagen Weh und Ach.
Ihr Männer denkt beizeiten nach.
bevor ihr lüstern euch den Hals verrenkt.

Hans im Glück rechnet

Angenommen ein jeder Grashalm kostet 1o Cent, ein verschwindend
geringer Preis, kosten doch wächserne Plastikblumen (Imitate zweifel-
hafter Qualität) 20 bis 30.
Grashalme sind schmiegsam und sanft, wiegen sich rhythmisch im
Wind, ergeben samt farbenprächtiger Blumen einen kostbaren Teppich,
göttliche Komposition. 10 Cent kostet der Halm. O, ich bin Millionär,
liege auf einer Wiese, die verborgen im Wald, blick in den Himmel,
genieße den Reichtum und keiner macht ihn mir streitig.

Die Schrotkur

(Halali im schönen Wildsauerland)

Im Heidekraut ,wenn man so schaut,
sieht man den Kopf oft und den Hals
von Touris, welche auf der Balz.
Schleicht sich ein Spanner lustvoll näher,
entdeckt er garantiert noch mehr.
Doch edlen Waidmann dies verdrießt.
Er lädt mit Schrot, er zielt und schießt.
Dann setzt den Doktor er in Marsch,
weil nun ein Hintern ist im A...ach, du meine Güte.
So mancher Touri fährt nach Haus
total geheilt von Saus und Braus.

(Frei nach A. Rimbaud)

Wenn blau im Sommer die Nächte, will ich auf Wegen gehen,
wo Felder um mich und mein Fuß die schlanken Ähren fühlt.
Erschauernd spür ich dann, wie Winde mich umwehen
und wie erfrischt sich meine fieberheiße Stirne kühlt.

Ich rede nicht, und still schweigt mein Verstand,
doch unermesslich füllt die Liebe meine Seele.
Ich wandre weit, sehr weit wie ein Vagant,
bin glücklich, da ich mich mit der Natur vermähle.

Froh zu sein, bedarf es wenig

O ,welch erhabenes Vergnügen!
Saug ich die Luft in vollen Zügen,
schon wachsen meiner Lunge Flügel,
es wölben sich des Brustkorbs Hügel,
mich durchströmt die Lust zu leben,
aus Alltagsgrau empor zu streben.
Stress kann mich nervend nicht beengen,
ausatmend werd ich ihn zersprengen.
Braust frisch der Atem durch die Zähne,
schon keimen tatenfrohe Pläne.
Es inspiriert taufrische Kühle.
Sie schenkt verwegene Lustgefühle.
Erkenntnis
So mancher schwört auf Esoterik, Wellness, Psychotricks.
Bei mir läuft ohne Atmung nix.

Nacht

Ich wachse empor in den Himmel hinein
und reiche den Sternen die Hand.
Sanft flutet die Nacht wie herber Wein.
Ich wachse tief in den Himmel hinein,
der groß und unbekannt.

Die Hände spann ich die Arme weit
und atme die Nacht in mich ein.
Abfällt der Erde Traurigkeit,
vergangener Liebe silbernes Leid,
ich werde groß und rein.

Die Erde sinkt, ich ahne sie kaum.
Die Nacht fließt herbe wie Wein.
Und ich wachse empor ein blühender Baum
in die Tiefen der Himmel nie endenden Raum
in Sternen und Mondenschein.

Lied im Wald

Schenke mir deine Stille,
lass mich tief in dich ein,
will unter hohen Bäumen
in dir geborgen sein.

Wenn Winde behutsam wehen
wie ein Lächeln so leicht,
fühl von des Alltags Zwängen
ich mich frei und leicht.

Belebend webt Gottes Atem.
Tau spiegelt Sonnenlicht.
Ringsum breitet sich Friede –
sanft und unwirklich.

In den Tiefen des Waldes
findet die Seele noch Raum.
Sich wiegend in Gezeiten
verbrüdern sich Mensch und Baum.

Vereinen sich Erde und Himmel.
Blätter kreisen im Wind,
verwandt der Sonne, den Sternen,
die Blätter des Ewigen sind.

Tag der Deutschen Einheit

Utopisches Allerweltslied für Erdenbürger

Schenke, Gott, uns Kraft zur Liebe,
aufzustehen in der Welt,
wenn an Größenwahn und Habgier
jede Menschlichkeit zerschellt.
Liebe stärke Arm` und Reiche,
Weiß` und Schwarze, Groß und Klein.
Mögen Menschen mit Mut zur Liebe
uns begeisternd Freunde sein.

In den Seen, in den Wäldern
herrsche wieder Sauberkeit.
Dass wir nicht im Smog ersticken,
Menschenskinder seid bereit:
Lasst auf Luxus uns verzichten!
Allzu viel steht auf dem Spiel.
Der Schöpfung Vielfalt zu bewahren,
das sei unser aller Ziel.

Freunde, reinigt euch von Dünkel.
Achtet jedes fremde Land!
Alle Menschen werden Partner,
Bruder, reiche deine Hand!
Fasst ihr Männer und ihr Frauen
euch ein Herz und mit Verstand
wollen wir für die Menschheit bauen
ein geeintes Erdenland.

Wo die Kinder Zukunft haben,
dass die Erde nicht vergreist,
statt nach schnellen Zinsgewinnen
streben wir nach frischem Geist.
Hast und Hektik wollen wir meiden,
nicht versinken im Klimbim.
Sich für den Nachbarn Zeit zu nehmen,
bringt dem Alltag Glanz und Sinn.

Liebe, Liebe über alles,
über alles in der Welt,
weil an Größenwahn und Habgier
jede Menschlichkeit zerschellt.
Liebe heilt der Erde Wunden.
Sie befreit von Gier und Neid.
Aufsteigt Friede aus Visionen,
Herr, segne unsre Lebenszeit!

Diktatur

Sie sagen	Wir wollen euch schützen, damit ihr frei bleibt,
und	sie errichten eine Mauer, ziehen Stacheldraht und fahren Geschütze auf.
Sie sagen	Wir wollen nur Frieden.
Sie sagen	Der Friede sind wir.
Sie sagen	Wer gegen uns ist, ist gegen den Frieden. Wer gegen den Frieden ist, den erschießen wir.
Und	Sie schießen auf jeden, der zu fliehen versucht.
Sie sagen	Wir lassen keinen hinein.
Sie sagen	Wir handeln in Notwehr.
Sie sagen	Wir müssen die Mauer höher bauen.

Wir brauchen mehr Stacheldraht.
Ladet mit scharfer Munition!

Die Spinne

„Freiheit, die ich meine,
die mein Herz" –
mein Herz?
Mein Herz gehört der Partei:
Links zwo, drei – zwo drei!
Die Spinne webt aus Stacheldraht ihr Netz.
Sie webt… und webt… und webt.

Mein Bruder entfloh,
doch Vater haben sie erschossen.
„Wir wollen Frieden, "
sagten die Genossen.
Aber was Frieden ist,
das bestimmt die Partei:
Links zwo, drei, zwo drei –
Die Spinne webt aus Stacheldraht ihr Netz.
Sie webt… und webt… und webt.

Ich bin nicht Mensch,
bin Hand und Hosennaht,
ich bin nur Schweigen,
bin nicht Schrei –
ich schweige rhythmisch:
Links zwo, drei, zwo drei.
Die Spinne webt aus Stacheldraht ihr Netz.
Sie webt… und webt… und webt…

(On the road - up and away)

Nur die Sonne uns begleite,
Trunken ganz vom Rausch der Weite
weitet Sehnsucht unsern Blick.

Aus dem Radio dröhnt Trompete,
und der Fahrtwind weht und wehte
bunte Blätter uns ins Haar.

Und wir lachen, singen, pfeifen,
Pfützen spritzen, Autoreifen
summen uns ihr wildes Lied.

Ist auch manches Hemd zerrissen,
abgetragen und zerschlissen,
voller Lebenslust sind wir.

Wollen aufs Himmelreich nicht warten.
Vor uns dehnt sich Gottes Garten,
paradiesische Natur.

Viele Grenzen sind gefallen.
Das geschehe so mit allen.
Menschheitsträume werden wahr.

Drum ihr Brüder und ihr Schwestern
lasst begraben, was noch gestern
oft ein Grund für Kriege war.

Erobern wollen wir nur Herzen,
über Heldenposen scherzen.
Wohlsein ! Prost! Halleluja!

Arm und reich (Erntedankfest)

Armer Kerl

Er ließ von Geiz und Gier sich lenken,
konnt` nur noch an Profite denken.
Statt musizieren hört man ihn klagen.
Die Sorgen drückten auf den Magen.
Er wurde krank. So ist das eben –.

Wer abgibt, der hat mehr vom Leben.

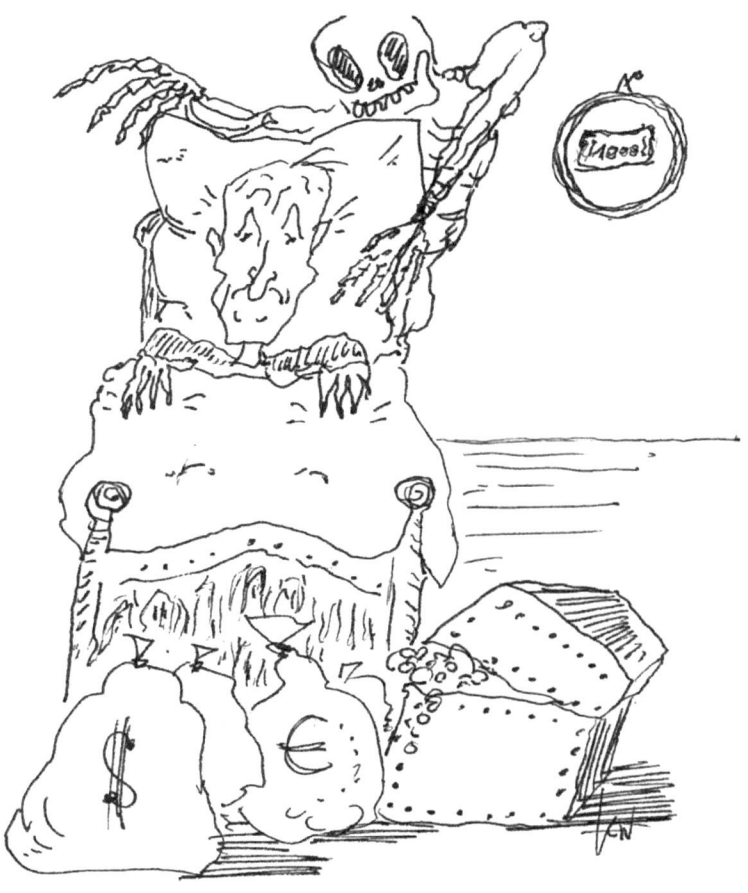

(Ein altes Lied)

So ein Tag so wunderschön wie heute,
so ein Tag – der dürfte nie vergehen.
So ein Tag, auf den man sich so freute,
und wer weiß, wann wir uns wieder sehen?

Unser Norbert will uns einen geben.
Das braucht er in keinem Fall bereuen;
denn wer gibt hat umso mehr vom Leben.
Sein Ruhm wird in aller Munde sein.

Hoch die Becher, Freunde, lasst uns trinken!
Köstlich schmecken kühles Bier und Wein.
Sie bereichern unser Innenleben.
Selig jubeln alle Innereien.

Und was jubeln sie?
So ein Tag so wunderschön wie heute.
So ein Tag – der dürfte nie vergehen.
So ein Tag, auf den man sich so freute.
Möge es dem Spender wohl ergehen!

Sprüche

Gehet hin in alle Welt und lernt von allen Völkern, doch spielt euch nicht auf als deren Lehrer.

Selig sind, die da geistig arm sind und sich nicht für Gottes Stellvertreter halten.

Das Abendmahl

(Weltmissionstag)

Ein Missionar sprach einst zum Kannibal´:
"Dämonisch ist das Leben hier im Kral.
Bau du auf Jesus, Bruder, werde Christ!"
Der Kannibal' ganz ohne Arg und List
ließ sich gutgläubig taufen und zog mit
dem Missionar, wich von ihm keinen Schritt.
Vom dunklen Urwald ging `s zum Meeresstrand
und endlich auch ins heil`ge Abendland.
Doch bei den Christenvölkern tobte Krieg.
Ein Wahnsinn war `s fürwahr, man jauchzte: „Sieg!"
Der brave Kannibal` erstaunte sehr,
so viele Leichen lagen rings umher.
Das Wasser lief zusammen ihm im Mund,
jedoch der Missionar tat schroff ihm kund:
„Sind es auch Feinde, Tote lass in Ruh,
die deckt man hierzuland mit Erde zu."
Das konnt' der Kannibal' gar nicht verstehen.
„Warum?", sprach er, „soll so etwas geschehen?
In meiner Heimat würden diese Leichen
für viele hungerkranke Stämme reichen."
So sprach voll Seelenqual der Kannibal',
und reuevoll verspeiste er den Christ
zum Abendmahl.

Jeder (be) kehre zuerst vor seiner eigenen Tür, und wenn es dort sauber ist und auch in der eigenen Wohnung, dann kann er getrost als Missionar ins Ausland gehen.
Hielten sich Missionare daran, gäbe es sicher nur noch innere Mission, Wetten???

Ein Märchen (zu Allerheiligen)

Der kleine Teufel

Es war einmal ein kleiner Teufel, der hatte zwei Hörner, einen Pferdefuß und einen langen buschigen Schwanz. Er war also offensichtlich ein
richtiger kleiner Teufel. Seine Eltern hätten stolz auf ihn sein können.
Nur leider geriet der kleine Teufel total aus der Art.
Einem echten Teufel ist be-
kanntlich alles erlaubt. Ein
Teufel darf lügen, stehlen,
betrügen, er darf seinen
Nächsten quälen und pie-
sacken – je niederträchtiger
und heimtückischer umso
besser. Nur eins darf ein
Teufel nicht - er darf nicht
lieb sein. Teufel müssen
böse sein.
Aber der kleine Teufel
wollte nicht böse sein; denn
Nacht für Nacht erschien
ihm im Traum ein süßes
Engelchen mit blondem,
lockigem Haar. Dieses
Engelchen lächelte ihm stets
verheißungsvoll zu und flüs-
terte: „Ich habe dich lieb,
aber du musst auch lieb sein.“
Und weil der kleine Teufel sich in das blonde Engelchen verliebt hatte,
war er zu allen seinen Mitteufeln lieb, besonders lieb aber hatte er seinen Vater und seine Mutter.

108

So überlegte er eines Morgens wieder einmal, wie er seine Eltern wohl erfreuen könnte, und er hatte viele liebe Gedanken: „Sicherlich freuen sich meine Eltern ganz besonders, wenn ich mich gründlich wasche und wenn ich mir die Zähne putze und mich vernünftig kämme." Und so wusch er sich blitzblank, putzte sich die Zähne und kämmte sich sein Haar.

„Guten Morgen, Papi, guten Morgen, Mutti, ich hoffe, ihr habt gut geschlafen!, "so begrüßte er fröhlich nach vollendeter Körperpflege seine Eltern . Diese starrten ihn entsetzt an, bis endlich sein Vater losbrüllte:„Aber Junge, bist du denn von allen bösen Geistern verlassen? Was fällt dir ein, dich zu waschen? Man könnte ja fast meinen, du seiest nicht der Sohn eines garstigen Oberteufels, sondern das reinste Engelskind. Soll denn meine ganze schlechte Erziehung umsonst gewesen sein? Wenn du dir die Haare kämmst, das Gesichtchen wäschst und die Zähne putzt – o, es fehlt nur noch, dass du dir die Fußnägel schneidest."

Da wurde das kleine Teufelchen traurig, und es ging still beiseite; denn es wollte seinen Fehler wieder gutmachen. Und es schnitt sich schnell die Fußnägel und eilte dann erneut zu seinem Vater und zeigte ihm stolz sein Füßchen. „Lieber Papi, sieh, ich habe mir meine Fußnägel geschnitten."

„Nein, nein, das darf doch nicht wahr sein ..." Der Oberteufel rang um
Fassung. „O, du verfluchter Satansbraten, fahr zum Himmel!",
fluchte er , und er holte aus ,und er gab seinem Sohn einen Tritt, dass
dieser abhob wie eine Rakete beim Start in ferne Galaxien .
Der kleine Teufel wollte sich schnell noch festhalten, aber er behielt nur
einen Klumpen Höllendreck in der Hand und schon wirbelte er aus der
Hölle heraus.
„Vielen Dank, lieber Papi!", rief er, aber da war er schon außer Hör-
weite, so punktgenau und kraftvoll hatte ihn sein Vater mit Vollspann
getroffen.

Endlich aber ließ der Auftrieb nach, und das Teufelchen wäre wohl
zurück in die Hölle gefallen, hätte es nicht ganz schnell seinen Schwanz
genommen und diesen wie einen Propeller kreisen lassen.

Dadurch beschleunigte es, nahm Fahrt auf und brauste bis zum großen Himmelstor, an dem Petrus seinen Dienst tat und alle Ankömmlinge überprüfte: „Was willst du denn hier?", forschte er argwöhnisch.

„Ich möchte gern in den Himmel und ein Engelchen heiraten," antwortete ihm der kleine Teufel treuherzig.

„Was willst du?", ächzte Petrus, und er machte ein ganz böses Gesicht, um den kleinen Teufel einzuschüchtern. „So, so, du willst also ein Engelchen heiraten?" „Ja, " lächelte der kleine Teufel gewinnend, „und gell, lieber Petrus, du lässt mich doch ein; denn du machst ja genau so ein liebes Gesicht wie mein Vater der Oberteufel?"

„Was mache ich?", stammelte Petrus, „ein Gesicht wie wer?"

Wütend holte er aus und gab dem kleinen Teufel einen Tritt, um ihn zurück in die Hölle zu befördern. Aber Petrus war ein schlechter Fußballspieler und traf den kleinen Teufel so ungeschickt, dass dieser geradewegs mitten hinein in den Himmel segelte.

111

„Vielen Dank, lieber Petrus, " rief der kleine Teufel, der sich über die Hilfsbereitschaft von Petrus sehr freute.

Nach kurzem Flug landete der kleine Teufel unsanft auf einer Wolke. O, wie hatte er sich bei der Landung wehgetan!! Verwundert blickte sich der kleine Teufel um, und plötzlich entdeckte er, woran er sich soeben gestoßen hatte.
Was meint ihr wohl, was er da fand? Da lag vor ihm ein Heiligenschein.

„O, " staunte der kleine Teufel andächtig, „den nehme ich mit." Und er hob den Heiligenschein auf, putzte ihn ein wenig blank und begab sich dann unverzüglich auf die Suche nach dem Engelchen seiner Träume.

Als er ein Stück gewandert war, hörte er plötzlich Rufe und Pfiffe – und sieh einer an, da spielte doch tatsächlich eine Gruppe Engelchen voller Leidenschaft Fußball. Aber der kleine Teufel hatte keine Lust, Fußball zu spielen und so stapfte er weiter. Auf einmal vernahm der kleine Teufel leises Weinen und zwar ganz in seiner Nähe. Er sah sich um, und da hockte – welch himmlischer Zufall – das Engelchen, nach dem er sich so sehnte, allein auf einer Wolkenbank und weinte bitterlich.

„Warum weinst du denn, kleiner Engel?", fragte besorgt der kleine Teufel.

„Ach, " schluchzte das Engelchen, „ich habe bei einem Geländespiel meinen Heiligenschein verloren, und jetzt will niemand mehr mit mir spielen. O, wenn doch nur jemand käme und mir meinen Heiligenschein zurückbrächte, ich würde ihm meine Lieblingsharfe schenken und ihn sogar heiraten."

„Ich glaube, du brauchst nicht länger traurig sein. Ich habe nämlich einen Heiligenschein gefunden. Ist das deiner?"

Da hob das kleine Engelchen sein Köpfchen, und seine Augen fingen wieder an zu strahlen, und es lächelte den kleinen Teufel so bezaubernd an, dass dieser ganz verlegen wurde. „Vielen Dank, lieber kleiner Teufel, " hauchte das Engelchen, „weil du mir meinen Heiligenschein wiedergebracht hast, will ich dich heiraten." Aber der kleine Teufel murmelte: „Das – das geht doch gar nicht. Ich möchte dich zwar auch allzu gerne heiraten, aber ich habe ja Hörner, einen Pferdefuß und einen langen buschigen Schwanz." „Das ist überhaupt kein Problem, " kicherte das kleine Engelchen. „Was meinst du denn, warum wir Engel so lange weiße Gewänder tragen?" Und es hob sein Gewand in die Höhe und zu seiner Verwunderung erblickte der kleine Teufel ein reizendes Pferdefüßchen und ein buschiges Schwänzchen.

„Aber", wandte der kleine Teufel ein, „ich habe zwei Hörner und so werde ich dich nicht heiraten können; denn ihr tragt doch alle einen himmlischen Heiligenschein." „Ach, lieber Teufel," beruhigte ihn das Engelchen, „was meinst du denn, woran unsere Heiligenscheine befestigt sind? Hätten wir keine Hörner, würde kein einziger Heiligenschein halten können."

Immer noch zweifelnd gab der kleine Teufel zu bedenken: „Ich habe ja aber keinen Heiligenschein und so wird niemand im Himmel mit mir spielen wollen."

Da verstummte das kleine Engelchen; denn an den Heiligenschein hatte es nicht gedacht. Und dem kleinen Teufel kullerte vor Enttäuschung eine dicke Träne über die Wange. Als es sich diese wegwischen wollte, bemerkte das Engelchen den Klumpen Höllendreck in der Hand des kleinen Teufels, den dieser bei seinem Abflug aus der Hölle losgerissen hatte.

„Aber was hast du denn da?" Die Stimme des Engelchens klang sehr aufgeregt. „Ich ? Wo ? Ach, hier – das ist Höllendreck."

„Höllendreck ? Nein, das ist kein Höllendreck, " belehrte ihn das Engelchen, „hier im Himmel ist das Gold – und für Gold kannst du dir alles
kaufen. Für so einen Klumpen Gold bekommst du den schönsten aller
Heiligenscheine."
Da war der kleine Teufel sehr glücklich und folgte dem Engelchen zum
KaDeHi (zum Kaufhaus des Himmels), um sich einen Heiligenschein
auszusuchen und natürlich auch ein edles weißes Engelsgewand - und
bald danach heirateten sie und wurden sehr, sehr glücklich.

Doch wer das alles nicht glauben will, der fahre zur Hölle, der gehe
zum Teufel – zum Oberteufel, versteht sich, und erkundige sich nach
dessen aus der Art geschlagenem Sohn – oder besser noch, er prüfe erst
einmal hier auf Erden, ob nicht so manche erhabene Krone, so mancher
Doktorhut und so mancher Heiligenschein in Wahrheit an Hörnern befestigt sind und ob sich nicht unter manch feierlichem Talar ein Pferdefuß befindet . Man kann ja schließlich wirklich nie so ganz sicher sein.
– Oder?

Halloween

Was ist für einen aufgeklärten Geist wohl gruseliger? Der Mummenschanz bei Halloween oder der Papst und sein Gefolge – sprich: seltsame Heilige, Weihwasserfetischisten, fundamentalistische Kreationisten, Pädophile und Exorzisten aller Schattierungen …
Vorsicht!!! Von der Teufelsaustreibung zur Hexenverbrennung ist nur ein kleiner Schritt.
Wenn man im Vatikan erfolgreich den Teufel austreiben würde, wäre hernach wohl unendlich viel Platz für Bedürftige.

Der Papst ist das Oberhaupt der christlichen „Pharisäer".
Einschränkung
Die biblischen Pharisäer sind nicht schuld an Hexenverfolgungen,
Kreuzzügen und vergleichbaren Gräueltaten,
auch nicht am Verbot von Verhütungsmitteln
und dessen schrecklichen Folgen.
(Aids, Überbevölkerung, Hungersnöten ....)

Die heilige Kuh der Katholiken ist der Papst.

Halloween – Liebesgrüße

Wenn ich aus meinem Sarg aufsteh, ist der Himmel blass und kalt.
Krähen flattern, wenn ganz nah Klageruf der Wölfe hallt.

Ich belecke meine Kiefer, meine Zähne scharf und glatt,
bis sie hell im Mondlicht blitzen, wohl dem, der kerngesunde hat.

Bald wirst du sie kennen lernen. Du sollst mein Feinsliebchen sein.
Meine Fingernägel krallen sich ins Felsgestein hinein.

Du wirst mich lieben. Meinen Trieben opferst bald du warmes Blut.
Deinen Rücken will ich drücken. Ahnst du, wie gut dir Liebe tut?

Anfangs wirst du etwas schreien. Ängstlichkeit ist Weiberzier.
Doch dein Widerstand verlockt. Schreien reizt nur meine Gier.

Tief beiß ich in deinen Nacken oder deinen Hals mich ein.
Meine Schneidezähne hacken. Blut schmeckt wie Chianti Wein.

Bald schon bald rauscht Blut in Fluten. Habe keine Angst vor mir.
Ich lieb dich, wünsch dir nur Gutes. Herzlich grüßt dich dein
Vampihihihihihir

Vom Leben der Vampire

Schon im Kindergarten lernen kleine Vampire: Als Vampir müsst ihr rangehen, da braucht ihr Biss. Ihr müsst lernen euch durchzubeißen. Aber merkt euch gut: Nach geglückter Blutentnahme müsst ihr gründlich Zähne putzen; denn Vampire mit Karies sind tragische Existenzen. Sparsamkeit gilt bei Vampiren als ultimative Tugend. Wer seinen Keller mit Blutkonserven bevorratet hat, behält auch in Krisenzeiten immer ruhig Blut. Gerne bitten die Feinschmecker in den gehobenen Kreisen der Vampire zu einer geselligen Blutprobe. Bei der Verkostung der stets wohl temperierten Proben, bestimmen Blutkenner geschmackssicher

den Jahrgang, die Blutgruppe und den Blutdruck des Spenders. Vampire, die es sich leisten können, nehmen mindestens einmal wöchentlich ein Blutbad oder zu mindestens eine gründliche Blutwäsche. Gut Versicherte erhalten diese auch auf Krankenschein. Vampire lieben Blutspender, aber sie hassen Blutorangen, da ihr Genuss zu schweren Vitaminvergiftungen führen kann. Als besonders delikat hingegen gelten ihnen Musiker – Vollblutmusiker. Nach ein paar Schlückchen schon fühlen sich Vampire ungeheuer beschwingt; denn dann haben auch sie Musik im Blut. Wer einem Vampir begegnet, sollte nicht entsetzt ausreißen. Sicherlich will er nur zutraulich Blutsbrüderschaft schließen. Alle Vampire lieben Menschen – jedenfalls ein Bisschen. Nur schaurig und abschreckend ist ihr Lachen – ihr Blutlachen hua hua hua.

Schlachtefest

(Einer Süßen gewidmet, die mich bisweilen zum Kochen brachte.)

Ich bin Fürst Dracu Strangulo
und liebe kleine Mädchen,
vernasche sie nach Kennerart,
gönn ihnen kein Gebetchen.
Mein Feuer brennt sie knusprig
braun,
bis sie wonnig schmoren.
Dann sind sie lieblich anzu-
schauen,
abschneide ich die Ohren.
Die schmecken mir nicht allzu
gut.
Ich werf sie hin den Hunden.
Jedoch die weichen, bleichen
Beinchen
auch roh ganz köstlich munden.
Lecker schmecken, o Genuss,
mir kleine, feine Grübchen,
sind sie kandiert mit Zuckerguss
als Dessert im Stübchen.

Fürwahr, die lieben kleinen
Mädchen
sind süß, doch glaubt mir dies:
Wenn einer nicht mit Liebe
kocht,
dann schmecken sie ganz mies.

Pilgerpfade
Liebkose die Welt mit deinen Füßen! Wandere!

Laufen hält gesund

Wenn ich auf der Brücke stehe,
seh ich kleine Autos flitzen
zwischen meinen Zehenspitzen
und auch Menschen mäuseklein.

Zielend spitz ich meinen Mund,
wenn ich auf der Brücke stehe
und ein würdiges Opfer sehe.
Mal prüfen, ob es wetterfest?

Leise schwebt der Spuckeregen.
Die Betroffnen schauen nach oben
so, als wollten sie mich loben,
heißt es doch: „Regen bringt Segen."

Wenn ich von der Brücke spucke,
muss ich manchmal sehr schnell laufen.
Höchst unfein ist es, sich zu raufen.
Laufen jedoch hält gesund.
Adieu!

Goldener Oktober

24 k (Karat)
reines Blattgold ,
da geraten auch Schmuckhändler ins Schwärmen:
„Toll – einfach unbezahlbar."

Oktoberfest 1,2,gsuffa...
Jetzt verstehe ich erst, was das heißt „unser blauer Planet".

Wenn das Wetter mal schlecht ist, dann saufen wir es uns einfach schön.
Grog sei Dank!

Welternährungstag (16. Oktober)

Jedes Hündlein hat sein Schappi,
jedes Kätzlein Kitty Kat.
Millionen Menschen gibt `s auf Erden -
die werden leider niemals satt.

Es ist nicht schön, sie anzusehen,
nicht wohlgestalt` ist die Figur,
ihre Hungerbäuche blähen.
Hierzuland gibt `s Schlankheitskur.

Hierzulande kann man träumen
in der Kirche, im Verein,
derweil Feinstaubwolkenschleier
nebeln Hirn und Herzlein ein.

Menschen werden konsumsüchtig
und Gebete Lästerei,
abstirbt Mitgefühl für Fremde.
Bete dich von Sünden frei.

"Jedes Tierlein hat sein Essen.
Jedes Blümlein trinkt von dir.
Hast auch unser nicht vergessen ..."

Herr Wirt, verdammt, wo bleibt mein Bier?

Weltspartag

Einerseits: Muss man immer sparsam leben,
                 verliert man leicht den Spaß am Leben.

Andererseits: Steckst du genug ins Sparschwein rein,
                 so kann es bald dein Glücksschwein sein.

Ka lauer Herbst

Meine Frau geht aus.
Meine Kinder gehen aus.
Meine Haare und mein Geld
gehen aus.
Nur ich sitze daheim
und warte –
und warte auf
ein neues Gebiss.

Herbstballade

Unheimlich nachts durch unsern Block hallt `s -
Mit heis`rer Stimm`: „Wo ist mein Blockmalz?"

Der Killer

Ihr Mann schlich zu ihr nachts in der Stille.
Sie schreckte auf; denn er machte kille, kille, kille....

Herbstwind

Neulich habe ich gegen den Wind gespuckt,
ging aufrecht weiter, habe mich nicht geduckt,
Der Wind blies scharf .Was nützt jetzt klagen?
Die Konsequenz hängt mir am Kragen.

Schnupfen

Ich heb ein Tuch an meinen Rüssel
und trompete voller Kraft.
Bei dem Klang springt jede Schüssel.
Das ist wahre Meisterschaft.

Ich glaube fast vor Jericho
old Josua tat `s eben so.

Vor dem Sturm

Die schaumzerrissene See strömt flutend, brandend
und rollt in Schwere tosend über mich.
Das weiße Ufer grau entgegensandend
verlischt im Möwenschrei, der schnell verblich.

Wie Urzeitwesen wandern die Gezeiten.
Die Wolken und der Horizont sind weit.
Schimmernde Mythen ihre Flügel breiten –
auf und davon im Sog der Endlichkeit.

Ich fühl, was war, an mir vorüber rinnen.
Was kümmert mich noch irdisches Geschick?
Fast außer mir und doch verletzt tief innen,
spür ich im Rausch des Todes nahen Blick.

(Totensonntag) Gang über den Friedhof

Kreuze

Auf einem Grab war ein Kreuz errichtet wohl als Symbol dafür, dass
der Verblichene viele seiner Mitmenschen erfolgreich aufs Kreuz gelegt
hatte. Und ein Grab weiter lag einer, der hatte zeit seines Lebens Kreuz-
worträtsel gelöst – . Bei einem Dritten erinnerte das Kreuz an die guten
Tage, die er auf Erden gehabt hatte, immer Wurst und Schinken kreuz
weise. Ein Weiterer war Musikant gewesen, allweil   kreuzfidel. Ein
paar Schritte weiter war ein Kommissar beerdigt - mit einer Vorliebe
für Kreuzverhöre, seine Frau hingegen bevorzugte Kreuzfahrten. Aber
wer kennt schon all die Toten? All die Kreuze? Ja, vielleicht gab es da
auch ein paar Christen, aber wirkliche Christen haben Seltenheitswert.
Wer einen kennt, der ist sicher ein Sonntagskind.

Für Max Manta

Motto: Sterben muss man sowieso.
Schneller geht `s im Cabrio.

Ich hatte einst `n Kumpel,
`n cleveren findst du nicht.
Er fuhr `n starken Manta.
Ja, von Autos was verstand er.
Sein Wort hatte Gewicht.
Sein Wort hatte Gewicht.

Des Nachts lockte die Disko.
Da fuhr er häufig hin
zu so mancher scharfen Sause.
Dann düste er nach Hause
nach reichlich Coke mit Gin.
Nach Coke mit reichlich Gin.

Stets fuhr er `n heißen Streifen,
doch ganz plötzlich hat `s gekracht.
Bei fast 200 Sachen,
da lässt sich nicht viel machen.
Es sah aus wie nach `ner Schlacht.
Es sah aus wie nach `ner Schlacht.

Irr gellten die Sirenen.
Anrückte der Helfer Heer.
Da gab `s nichts mehr zu retten.
Heute steht in den Gazetten
nur ganz klein – ein Toter mehr.
Nur ganz klein – ein Toter mehr.

Ich steig in meinen Wagen,
bin noch vor Schrecken blass.
Raserei sie bringt Verderben.
Und den Schrott will keiner erben.
Nur weg, ich tret aufs Gas.
Nur weg, ich tret aufs Gas

Auf meinem Grabstein

Der Sensenmann senste.
Nun bin ich kalt.
Auch ihr lebt nicht ewig.
Also – bis bald!

Abschied

Wir haben uns versammelt
und treten an dein Grab.
Die Zeit sie ist verronnen,
die dir Gott auf Erden gab.
Nun gilt es Abschied nehmen.
Beendet ist dein Lauf.
O, Jesus, nimm ihn auf!

Das Leben aller Menschen
wie Nebelhauch verweht.
Du hast mit deiner Liebe
manch gute Saat gesät.
Jetzt liegst du still im Grabe,
und wir gedenken dein:
Gut war `s, dir nah zu sein.

Glaube, Liebe, Hoffnung.
Du hast auf sie gebaut.
Und hast trotz mancher Sorgen
auf Gottes Wort vertraut.
Wir glauben, lieben, hoffen,
ist groß auch unser Schmerz
und blicken doch vorwärts.

Gott ist unser Vater,
der Schöpfer dieser Welt.
Er ist `s, der alles Leben
beschützt und auch erhält.
Es gibt ein Auferstehen.
Wir halten uns daran.
Fest steht Gottes Plan.

Dulce et decorum est pro patria mori   Horaz

Das Lied vom Gesangverein

Es war mal ein Gesangverein,
Gesangverein, Gesangverein,
sang Lieder schön für groß und klein
in Sälen oder auch im Freien –
ja, der Gesangverein.

Und was er sang klang wundervoll,
klang wundervoll, so wundervoll,
dass jedem gleich das Herze schwoll,
das Herze schwoll, jawoll.

Doch eines Tags gab `s Schießereien,
gab `s Schießereien, ja Schießereien,
und ziehen musst der Sangverein
und groß und klein zog hinterdrein,
zog singend hinterdrein.

Ihr Marschlied klang – klang wundervoll,
klang wundervoll, so wundervoll,
dass jedem gleich das Herze schwoll,
das Herze schwoll, jawoll.

Jedoch im Kriege singt man nicht,
singt man nicht, da singt man nicht.
Der Tod nur Leichenkränze flicht.
Sein Singsang klingt ganz fürchterlich –
klingt einfach fürchterlich.

Sie hielten sich die Ohren zu,
die Ohren zu, die Ohren zu,
doch selbst wer starb, fand noch nicht Ruh,
fand noch nicht Ruh, ja Ruh.

denn : Der Nachwuchs vom Gesangverein,
Gesangverein, Gesangverein,
der bringt sein Lied am Grabesrain,
wie süß es ist ein Held zu sein,
ein Held, ein Held, ein Held zu sein,
ein wahrer Held zu sein.

(Der Heldengedenktag wird zum Glück heute nicht mehr gefeiert und hoffentlich auch nie wieder!)

Marschlied mit Pauken und Trompeten

Im Fernsehen gibt `s Helden mit Schultern so breit.
Ich ahne, zum Helden fehlt mir `ne Kleinigkeit,
der Glaube, dass Nachruhm erstrebenswert ist.
Ich bin ein Busenfetischist.

Refrain
Ich bin ein Bu-Bu-Bu-Bu-Busenfetischist.
Ihr ahnt ja gar nicht, ja gar nicht, wie wohl mir ist,
wenn Frauen an mir vorbeispazieren
und ihre Brüste im Takt vibrieren.
Wie wohl, wie wohl, o wie wohl mir dann ist.
Ich bin ein Busenfetischist.

Bitte, zieht mich nicht ein zur Bundeswehr;
Denn auf Männer steh ich nicht allzu sehr.
Ich finde nicht, dass ein Spieß grad sexy ist.
Ich bin ein Busenfetischist.

Ich fahre nicht zum heißen Senegal.
Mir sind andere Länder ziemlich egal.
Die Arktis find ich viel zu kalt und zu trist.
Ich bin ein Busenfetischist.

Überstunden klopp ich nicht im Stress.
Lauf Übungsrunden nicht im Trimmtrabdress.
Ich bleibe dort, wo es Bhglich ist.
Ich bin ein Busenfetischist.

Schließe ich dereinst meine Augen zu,
so bettet mich behutsam zur ewigen Ruh.
Setzt mir keinen Grabstein, der eckig ist!
Ich bin ein Busenfetischist.

Vorzeichen

Der Winter wird, so scheint es, wieder strenger.
Das Gürteltier schnallt schon die Gürtel enger.
Und routiniert mit scharfen Igelklauen
sieht man den Igel sich `n Iglu bauen.
Das Murmeltier entweicht mit seinen Murmeln.
Es ist schon bitter kalt, bald wird es sturmeln.
Das Mammut baut ein Nest im Mammutbaum.
Sein Fell ist dick, die Stürme spürt es kaum.

Buß- und Bettag

Die Kirche lehrt, dass der Herr Jesus Christ
für die Sünden der Menschheit gestorben ist.
Verschmitzt denkt sich drum manch ein Sünderlein,
da soll er nicht umsonst gestorben sein.

Nicht Martins Tag

Paul schlug Martin wütend im Zorn.
Nun ziert Martin ein prächtiges Martinshorn.
Paul tut es leid, früher schlug er doch nie,
drum spendiert er Martin `n Martini.
Martina serviert ihn voll Eleganz.
Sie watschelt heran wie `ne Martinsgans.
Allmählich verfliegen Kummer und Zorn.
Im Abendrot glänzt das Martinshorn.

Der **Welttoilettentag** wird jeweils am 19. November von der Welttoilettenorganisation ausgerufen.

Warten auf… (WC-Verse)
Verdammter Durchfall,
ich häng fest auf `m Klo.
Haut ja nicht ab!
Ich komm gleich,
Godot.

Auch ich komm mit. Ich mach sofort Schluss.
Ich bin fast schon fertig, Sisyphus.

Spontispruch

Toilettenwände streichen ist wie Bücher verbrennen.

Sagwörter

„Man muss po-positiv denken",
sagte das Gesäß und füllte die Hose.

„Ich bin total von der Rolle",
sagte das Toilettenpapier,
„und fühle mich unheimlich beschissen.

„Ordnung muss sein,"
sagte der Beamte und nummerierte das Toilettenpapier.
(Blatt für Blatt)

Die Kultrolle

(Die literarische Toilettenrolle – s.o. Tag der Literatur)

Meine sehr verehrten Damen und Herren,
(und je nach Publikum)
(liebe Umweltschützer, Pflanzenschützer, Tierschützer, Knieschützer,
Hirnschützer und Stirnstützer, liebe Mitborger und Mitborgerinnen,
liebe Sportfreunde, liebe Spottfreunde, liebe Mitglieder und Mitlöchle,
liebe Mitesser, Mitläufer, Mitdenker, Lebedamen, Lebemänner, Lebeku-
chen!!!)

Hallo! Hallo!
Heute hier ein sensationelles Angebot:
Die Kultrolle!
Literatur! Literatur pur!
Hier geht `s rund; denn wir leben in kloreichen Zeiten.
O Kloria Victoria!
Dufte Verse von der Rolle. Kein hochgestochener literarischer Schnick-
schnack mit Goldschnitt und Fadenheftung.
Auch für geltungssüchtige Neureiche kein protziger Ledereinband.
Nein: Zeitgemäße Gebrauchslyrik – unmittelbar zu Herzen gehend –
und noch tiefer, gesäß- und umweltfreundlich,
dazu ökologisch 100%ig abbaubar.
Die Vorteile liegen auf der Hand – dufte !!!
Unser Slogan:
Verstaubte Klassik hat nicht Zweck.
Genieß, lies, wisch und weg!

140

Gunstscheich Vranitzki gar nicht harsch
spricht: Dieses Werk ist echt für `n A-
Allerwertesten gut geeignet.
Merke! Was einst dem Zeus der Olymp, dem Donar sein berühmter
Donarbalken, was dem Diogenes seine Tonne und dem Papst sein heili-
ger Stuhl, ist für die gestresste Bevölkerung das
stille Örtchen: Es ist eine Oase in der Hektik des Alltags.
Hier finden Mühselige und Beladene Erleichterung und Befreiung,
Muße und Besinnung.
Hier können sie ungestört lesen… träumen… kritzeln…
In der Geborgenheit des Pinkulatoriums wird der Malocher zum König.
Nur die eigene Ausstrahlung ist von Bedeutung.
Unbehelligt von Video, Stereo, Television und Computer finden ge-
schundene Kreaturen hier wieder zu sich selbst, zu ihrem Ich -
zu den Wurzeln – den Wurzeln der Literatur – zur Poesie.
Merke!
Die Popo-Poesie ist ein Produkt der Phantasie.
Sie adelt unsre Weltanschauung und unsre seelische Verdauung.
Sie zu ehren kauft diese tolle wundervolle Lyrikrolle!
Bedenkt!
Was nützen euch schon alle Freiheiten der Welt, alle Reichtümer dieser
Erde, wenn ihr von schrecklichem Durchfall geplagt werdet –
und kein WC in der Nähe?
Doch hier naht die ultimative Erlösung. Sie passt in jede Aktentasche.
Diese Rolle macht autark, echt stark.
Wer kann da widerstehen?
Verpackt in dieser wunderschönen Plastiktüte!
(Vorne Freiheitsstatue – Fackel als Rollenhalter, hinten Hermannsdenk-
mal – Schwert als Rollenhalter)

Hallo, treten Sie näher!
Greifen Sie zu! Die Kultrolle!
Geniale Verse – ganz diverse
für jedermann, -frau, -kind und Kegel,
für Rocker, Zocker, lockre Flegel,
für geistig Auf- und Abgeklärte,
für Kritische hier das Bewährte.
In schlimmsten Flitze-Kacke-Zeiten
wird dies Werk Wohlsein euch bereiten.
Kauft das Papier, das Kuscheltolle,
dann seid ihr niemals von der Rolle!
Die Verse werden euch erheitern,
euern Horizont erweitern,
vielleicht ein wenig provozieren.
Kauft reichlich, ohne euch zu zieren!
Wer geizt wird sich den Tag vermiesen.
Hier lockt unendliches Genießen.

Autark, echt stark, gar nicht teuro – nur paar Euro!

Einige Blätter von der WC-Rolle

O, Kloria Viktoria

Zyan Fäkarli, der offizielle Sprecher der Miefiosi und Klo KG referiert:

Verdrießlich mosern oft Pauker: „Mit Schülern von heut` ist nichts los."
Doch derweil festen die Kids rauschend auf Schülerklos.

Der Klojak, ein nobler Genießer, gönnt sich als Pausenclou
`ne spritzige Klokakola und lutscht Klotella dazu.

Auf jedem dieser Örtchen gibt `s `ne Aufgabenkloproduktion.
Ein Miefiosi übernimmt die Verteilung im WC-Pavillon.

Man kritzelt gewagte Graffiti. Ein Dampfmännchen wird gepafft.
Paar Klorillas üben Karate; denn Klo de Kologne schenkt Kraft.

Derweil haben Nachwuchsrambos stolz ihren Bizeps gestählt.
Als Höhepunkt aber wird „Miss Lokusblüte" gewählt.

Im Klo ist es unheimlich dufte. Mir tun nur die Pauker leid,
die niemals zu träumen wagten von wahrhaft kloreicher Zeit.

Schüttelreim

Vom Donnerbalken scholl es leise:
„Ohne Papier ist olles Schei…"

Ob im WC, ob im Examen,
ob mit Kerlen oder Damen.
Nur ein Trottel unterlässt es.
Was du auch tust, gib stets dein Bestes!

Prost Atta

Vom WC klingt `s wie Gestöhn –
ein Alter seufzt: „O Jugend, wie pisst du so schön!"

Dichten

Dichten ist wie kacken. Wenn nichts da ist, kommt nichts. Aber wenn
was kommt, brauchste Papier.

Stille Gedanken an einem stillen Ort

Wer glücklich ist und versucht noch glücklicher zu werden, der verpasst leicht sein Glück. Undankbarkeit führt ins Unglück. Wer nicht
einmal auf der Toilette Ruhe findet, dieser Oase der Beschaulichkeit
und Besinnung, dessen Leben ist wahrhaft verpfuscht. Fazit: Freue dich
deiner Verdauung, und sei großzügig zu der Toilettenfrau!

Weltrauchertag

Mit Moral lass ich dich in Ruh.
Jeder Misthaufen qualmt.
Warum nicht auch du?

Nimm nie Kot in den Mund.
Nie Kot in den Mund.
Nie Nikotin!
in den Mund;
denn Zigaretten sind verpackte Scheiße.
Iiii,
die qualmt ja noch.

Lieber Freund, sieh es doch ein.
Schaurig ist ein Raucherbein!

Frage eines amputierten Rauchers
Gibt es im Himmel eigentlich einen Aufbewahrungsort für Raucherbei-
ne, damit ich nach meinem Ableben die Chance habe, mit ihm wieder
vereinigt zu werden?

11. 11. 11Uhr 11

Schreckensruf: Karneval est ante portas
Hilfe ! Fundamentalistische Spaßprediger sorgen für flächen-
deckende Spaßmaßnahmen, kämpfen für ein Leben auf Spaß-
flamme.

Karnevalistischer Imperativ

Laut kündet jeder Narrenmund:
„Sich totlachen*, Mensch, ist gesund.
Verzieh dich nicht ins Kämmerlein;
denn auch für dich gilt, Spaß muss sein!
Drum reih dich ein und mitgemacht.
Humor hat nur, wer trotzdem lacht."

(* „Sich totlachen" bezieht sich nur auf den Geist, nicht
auf den Körper, der schunkelt weiter - hirntote Schunkel-
zombis.)

Närrische Schnipsel

Karnevalisten begehen geistiges Hahakiri, diese Quartals-Spaßmatiker, Frohlinge, chronischen Witzprotze, Scherzlinge, Lachsäcke, Kicherfürze, Doofnarren, mixed Witzpickel, Jokejunkies, Frohsinnsfetischisten, Heiterkeitserreger, runzligen Humoorleichen, Helausebengel, Lachsackonanisten, Witzdrüsenbomber, diese zwangshumorigen Lachneurotiker, Lallkohohlköpfe, Stimmungsvandalisten... Aufkommende Humoritis führt zu inkontinentem Witzpipi, Harnevalisten auf Furzkissenniveau... Außer Späßen nichts gewesen. Wohltuend mal ein Pisschen Ironie im gnadenlosen Narrkampf ...

Ich gehe nicht zum Karneval. Ich lebe nach dem Motto: Selbst ist der Narr. Ich bin sozusagen – ein Eigentor.

Karnevalisten machen sich vor Lachen in die Hose. Nun ja, ein Pisschen Spaß muss sein. Sie schütten sich aus vor Lachen und ihren Geist gleich mit.

Notorische Witzerzähler sind neurotische Gesprächsverhinderer. Wenn sie ihre Konserven auspacken, kommen Schenkel- und Schulterklopfer auf ihre Kosten. Aufkeimende Gespräche aber werden im Keim erstickt. „Klasse! Wa?"

Seelenverwandschaften

Der kleine Ernst und der große Ernst
die blickten beide furchtbar ernst;
denn niemand nahm den Ernst so ernst
wie der kleine und wie der große Ernst.

Oft hat sich wer kaputtgelacht,
weil Ernst und Ernst nie Spaß gemacht,
doch Ernst und Ernst die blieben ernst,
weil ohne 'nen gewissen Ernst
den Ernst des Lebens du nicht lernst.

Stets zeigten diese beiden Stil –
ernst bei der Arbeit, ernst beim Spiel.
Wenn du bei Ernst dich gern entfernst,
tu 's unauffällig, blicke ernst
und störe nicht der beiden Ernst,
indem du bieder gröhlend lärmst.

Nicht nach Lachen zu Mute ?

Einige Aspekte, Anregungen und Visionen zu einem ernsten Thema

Das Lachen

Gegen Anflüge von Alltagsdepressionen kann bisweilen eine kleine
Lachtherapie helfen, denn „Lachen ist gesund," heißt es ‚- aber nicht
jedes Lachen! Lachen erzielt die unterschiedlichsten Wirkungen: Anla-
chen (lächeln) wirkt Sympathie fördernd; auslachen - vergiftet; grinsen
- provoziert; in sich hineinlachen – stärkt die Abwehrkräfte. Mal verbindet lachen, mal entlarvt es, mal verletzt es - je nachdem.
„Lachen," sagt der Volksmund, „ist die beste Medizin". Wenn diese
Aussage stimmt und die Menschen sich nach ihr richten würden, hätten
Apotheker und Ärzte bald erheblich weniger zu lachen; denn lachen ist
nicht Rezept pflichtig, und für medizinische Handlanger bisher sicher
geglaubte Einnahmen würden weg brechen. Es gibt viele unterschiedliche Arten zu lachen. Man muss keineswegs alle beherrschen, sollte
sie aber zuordnen können und gegebenenfalls Sorge tragen, dass man
(Vorsicht! Lachen ist gefährlich ansteckend.) sich nicht verleiten lässt,
unter eigenem Niveau zu lachen z.B. über Witze auf Piss, Kack – und
Kotzniveau.
Lachen spiegelt verräterisch den Charakter der Individuen. „Feine"
Menschen meinen, man sollte nicht vorrangig darauf achten, die Lacher
(die Grunzochsen) auf seiner Seite zu haben, sondern wichtiger ist es,
dass sich dort auch der Anstand wohl fühlt. Nicht mitzulachen, wenn
Leithammel losprusten, kann ein Zeichen von Intelligenz und Zivilcou-
rage sein. Aber ich will nicht moralisieren. Nicht alle Menschen können
halt so fein sein wie ich.
Die nun folgende Auflistung bietet der besseren Differenzierung wegen
einen kleinen Überblick über drei Hauptströmungen des Lachens.

1) Positive (Sympathie hervorrufende) Lachweisen

Man kann heiter lachen, lustig, gutmütig, schelmisch, übermütig usw. (urig, gewinnend, freundlich, erhaben, souverän, verständnisvoll, wissend, melodisch, leise, sich ins Fäustchen, gönnerhaft, zärtlich, erotisch und... und ...und...)

2) Negative (abstoßende) Lachweisen

Man kann aber auch laut und überheblich lachen, hochmütig, dreckig, arrogant, schweinisch usw. (sarkastisch, sadistisch, gehässig ,zynisch, dümmlich, schickimickrig ,schrill, schadenfroh, hämisch, höhnisch, meckernd, gackernd, wiehernd, grunzend, verzweifelt, aufgeregt, hysterisch, ...)

Und es gibt darüber hinaus noch

3) ambivalentes Lachen.

Dieses wirkt a priori weder sympathisch noch vergraulend: z.B. rätselhaftes Lachen (wie Mona Lisa), fragendes, ängstliches, schüchternes, verlegenes, listiges ,ironisches ....

Unterscheidung tut Not

Besonders beeindruckend sind die vielfältig nachgewiesenen heilsamen Wirkungen des positiven Lachens, gefährlich aber die des negativen. Letzteres kann leicht zu Verstimmungen und psychisch-physischen Defekten führen.

Anmutungsqualitäten

Man sollte zum Lachen nicht ängstlich in den dunklen Keller gehen, sondern ab und zu mutig zur mimischen Selbstkontrolle in einen hellen Spiegel schauen; denn mit unschönen Zahnlücken z.B. wirkt Lachen gruselig, und wer mit einem starken Überbiss ausgestattet ist, wird sogar freiwillig zum von W.Busch bedichteten Philosoph werden, der sich wie folgt zum Lachen äußerte „.....Ich lieb es nicht, mein ehrenwertes Angesicht durch Zähnefletschen zu entstellen und närrisch wie ein Hund zu bellen..."

Merke! Nicht nur der Ton macht die Musik, es gibt auch Anmutungsqualitäten, denen Rechnung zu tragen ist.

Es darf gelacht werden

Versuche in unterschiedlichen Gruppen haben gezeigt, dass Lachwettbewerbe von Zeit zu Zeit höchst auflockernd wirken. Sie funktionieren folgendermaßen: Zwei Freiwillige fangen auf Kommando an, um die Wette zu lachen. Dauer: etwa 1 Minute. Je mehr unterschiedliche Lachweisen (auch negative) von den Wettlachern ansteckend vorgetragen werden, umso höher das Punktergebnis.

Ich habe immer wieder erlebt, dass Zuschauer während solcher Wettbewerbe sich bogen, sich den Bauch hielten und Tränen lachten. Das Lachen wirkte oft über den Wettbewerb hinaus, und mancher Kummer war schnell vergessen.

Psychologen wissen: Lachen macht frei, gesund, lebens –und schaffensfroh. Leider aber steht Lachen in Deutschland nicht hoch im Kurs. Im Gegenteil - es wird von gewissen Greisen (Stoiber und ähnlichen Geistesblößen) sogar eine deutsche Leidkultur gefordert. Leidhammel und leidende Angestellte äußern dazu ihre trübsinnigen Leidgedanken.

Tenor: „Schluss mit lustig," echt germanisch depressiv,
so ein Quatsch!

Diese ungesellige Geisteshaltung muss geändert werden.

Vision

Vorschlag: Landesweit sollten in naher Zukunft attraktiv dotierte Lachmeisterschaften durchgeführt werden, um eine vitale Lachkultur zu etablieren.

Diese wird dann garantiert alle Bereiche des sozialen Lebens positiv durchdringen. Lachen ist der ideale Breitensport. Die Volksgesundheit wird gefördert. Kein Seufzen mehr – kein Stöhnen, d.h. außer natürlich von Ärzten, Apothekern und Pharmazeuten wegen ihrer (s.o.) schrumpfenden Profite.

Erwünschte Nebeneffekte

Die Krankenkassen können wieder Rücklagen bilden; denn wer lacht ist weniger krankheitsanfällig. Ebenso profitiert die Volkswirtschaft: Es gibt weniger Fehltage und die Produktivität steigt; denn „Wer schaffen will, muss fröhlich sein" – und Lachen macht fröhlich.

Auch der Fremdenverkehr blüht auf. Deutschland wird das Land des Frohsinns und der Heiterkeit. Folgerichtig sollte dann schon bald der bedrohlich wirkende Bundesadler auf Kabinettsbeschluss durch heitere Smilys ersetzt werden!

Wenn diese Lachideen Schule machen und Lachakademien und –Lachligen gegründet werden, können wir Deutschen eines Tages vielleicht sogar Lachweltmeister werden. Aber bis dahin ist noch ein langer Weg. Lachwettkämpfe sind ein erster Schritt in die richtige Richtung. Der Slogan aller Einsichtigen kann deshalb nur lauten: Nieder mit der Neid – und Leidkultur! Hoch lebe die deutsche Lachkultur! Hoch! Hoch! Hoch!

Na, - heute schon gelacht? Nein ? Das gibt `s doch nicht. Alles hört auf mein Kommando. Auf die Plätze, fertig, los!

PS Falls jemand nicht weiß, was er mit diesem Vortrag anfangen soll, so kann ihm vielleicht der Rat meiner Mutter helfen, sie pflegte mir immer wieder zu sagen: „Junge, nimm doch nicht alles so furchtbar ernst!"

Kinderlied
(28. 12. Tag der unschuldigen Kinder)

1,2,3,4 Eckstein
alles muss versteckt sein.
Lauft weg, es kommt der schwarze Mann,
der euch was Schlimmes antun kann.
1, 2, 3 o wei, o wei
1,2,3 o wei.

1, 2, 3, 4 Eckstein
alles muss versteckt sein.
Der schwarze ist kein schwarzer Mann.
Der schwarze ist ein Teufelsmann.
1, 2, 3 o wei, o wei
1,2,3 o wei.

1, 2, 3, 4 Eckstein
du darfst nicht gar zu keck sein.
Halte dir die Augen zu!
Der schwarze Mann das bist ja du.
1, 2, 3 o wei, o wei
1,2, 3 o wei.

Weihnachtsscherben

Scherben können den Himmel spiegeln, können aber auch einschneidend verletzen. Vorsicht!

O du fröhliche, o du .....

Advent ist die Zeit, da sich der Verstand allmählich umweihnachtet.

Nicoleläuse in Not

Nicole hat Läuse –
lauter kleine Nicole-Läuse.
O welch ein Schreck, o welch ein Graus!
Drum kauft sie ein Pfund Läusetod
und macht nun all den kleinen
Nicoleläusen den Garaus.

Festliche Werbung

Und Engel schwebten vom Himmel
und sprachen: „Seht ,
wir verkündigen euch große Freude,
denn MM – der Sekt mit dem gewissen Extra
ward für euch erkoren.
Fürchtet euch nicht vor dem Preis!
Und auch der Weihnachtsmann
nickte gar freundlich
eine Flasche werbebewusst
darbietend so,
dass das Etikett jeden zwang,
es wie zufällig zu lesen.
Und der Hirsch mit dem Kreuz im Geweih
trug einen Heiligenschein,
scheinheilig werbend für gute Laune am Festtag,
die jedem bekömmlich
zu 35% aus Alkohol
wohl Engel lieblicher lächeln lässt.
Da klingelte die Kasse zum dritten Male.
Voll Schmerz sah dies alles der Herr,
hängend am Kreuz ,
etwas störend das friedliche Treiben
durch Konsumverzicht –
zu ihm trat ein Männlein und sprach:
„Halt ,mein Freund ,
wer wird denn gleich in die Luft gehen?
Greife lieber zur HB, dann ....“

Sieht man sich diese Jugend an,
niemand glaubt mehr an den Weihnachtsmann.
Was soll er da machen?
Er packt seine Sachen
und Hilfskraft wird er bei Neckermann.

Weil ein Komet den drei Weisen bei Jesu Geburt den Weg
Zeigte, gibt es das schöne Weihnachtslied „Komet ihr Hirten,
ihr Männer und Frauen ...."

Das Festmahl

Sie schlemmen
bis der Muskel Zunge,
unfähig längst
Geschmack noch wahrzunehmen,
schwer auf den Unterkiefer drückt,
dass dieser abwärts sackt.
So hocken sie auf ihren Stühlen
offnen Mundes, hechelnd,
unwillig sich zu rühren
und dankbar für die Dehnbarkeit
der Haut, die prall sich spannt
an ihrer Elefantentaille.
Sie öffnen nun verschämt die Gürtel,
und alsbald beginnt,
gemildert durch die Qualität der Hosen,
fast diskret,
wie Bassgebrumm und Blasmusik
ein volkstümliches Platzkonzert .

Ente gut – alles gut.

Gebet eines Kaufmanns

Lieber Gott,
ob der Geburt deines Sohnes
will ich lobsingen.
Er bringt mir Kunden zur Weihnacht,
dass mein Herz jauchzt und frohlockt,
denn süßer die Kasse nie klingelt....
Wie dankbar wäre ich erst,
schicktest du auch eine Tochter
(Stichwort : Emanzipation)
Geburt so etwa im Juli,
das wäre verkaufsstrategisch geschickt.
Ich würde ihr ein Image aufbauen,
sie optimal einführen,
ihr die Schaufenster schmücken zu Ehren.
Wir beide machten ein prima Geschäft.
Ich würde sie preisen
mit Tausenden von Reklamen.
Amen

Sie feiern nicht Advent, haben ständig Aktion und Stress,
nehmen jeden Termin wahr und wundern sich, dass sich
bei ihnen keine weihnachtliche Stimmung einstellt .Gerne
würden sie sich beim Arzt Pillen für weihnachtliche Gefühle auf Rezept verordnen lassen, aber die gibt es nicht.
Und so sitzen sie vor dem Weihnachtsbaum mit gesträubten
Nackenhaaren, trinken Magenbitter und versuchen mit Hilfe
von Alkohol zu retten, was nicht mehr zu retten ist.

Nur dank einer gepflegten Weihnachtsgrippe finden in der heutigen
Hektik Menschen noch Zeit in aller Ruhe an Weihnachten zu denken.

Eine etwas haarige Legende

Die Englein haben sich gebalgt und gerauft.
Missbilligend hat Knecht Ruprecht geschnauft:
„Ihr seid mir zu übermütig und keck.
Jetzt reicht es aber. Macht euch hier weg!"

Husch, husch, verschwand da der Engelein Schar.
Jedoch vom Raufen blieb manches Haar.
Das hängt jetzt als Schmuck am Weihnachtsbaum
so golden und friedlich, man glaubt es kaum.

Eine haarige Variation (s.o.)

Aufruf

Die holden ‚lieben Englein all
plagt, so scheint es, Haarausfall.
Engelshaar an jedem Baum –
blütenzarter Weihnachtstraum,
Engelshaar in jedem Saal ...
Bald sind alle Köpflein kahl.
Drum Leute kommt zum Pfarrhaus all`
mit Mitteln gegen Haarausfall
als Spende für die Engelein,
dann wird im Himmel Freude sein!

Singlebells

Der Weihnachtsmann ist traurig.
Das weiß ich ganz genau.
Was nützt ihm die Ehre als Weihnachtsmann
solo - ohne Weihnachtsfrau .

Wissenswertes über Engel

Vorlieben der Engel erkennt man häufig an ihren Flügeln. Badefreudige
haben Schwimmflügel, musikalische Konzertflügel, motorisierte Kot-
flügel, sehr reiche Schlossflügel, verschnupfte Nasenflügel. Mutige
spannen ihre Flügel weit, traurige (bzw. vergessliche) lassen sie hängen,
geschäftstüchtige verleihen sie.
Sind Engel in Geldnot verkaufen sie ihr Haar. Engelshaar ist im Advent
der Renner.
Seitdem Engel bisweilen Frisbee spielen,
glauben Menschen an die Existenz fliegender Untertassen.
Manche Engel gehen auch in die Politik; denn wer mit Engelszungen
reden kann, hat gute Wahlchancen. (Als verhängnisvoll und traurig
empfinden aber alle das Wirken von Engelmacherinnen.)

Guten Flug!

Du möchtest gern wie ein Englein fliegen?
Merke: Nur wer sich selbst auf den Arm nimmt,
kann die Schwerkraft besiegen.

Weihnachtsgeschenke

Weihnachten, ja Weihnachten -
da freut sich Peter sehr.
Zu Weihnachten, zu Weihnachten
kriegt er ein Schießgewehr.
Zu Weihnachten, zu Weihnachten
ertönen fromme Lieder -
zu Weihnachten, zu Weihnachten
alle Jahre wieder.
Peters Augen glänzen.
Er träumt von Engelein
und zielt auf sie mit dem Gewehr
und aufs Herzjesulein.
Die Glocken dröhnen bumm - bumm - bumm.
Maria und Josef fallen um,
auch Jesus und die Engelschar.
Er trifft schon gut - rattatata.

Willilein ist ungeraten
will keinen Weihnachtsentenbraten.
Hört euch diesen Strolch nur an!
Er will flambierten Weihnachtsmann.

(Aktuelle - ?) Apokryphe

Als Maria und Josef mit dem Jesuskind, der Weisung
des Engels folgend, aus Bethlehem flohen und ein Heim
in der Fremde fanden, rottete sich allda eine Menge Vol-
kes bedrohlich zusammen und brüllte und tobte: „Asylan-
ten raus! Raus ihr Betrüger, ihr Schweine." Steine und
Brandsätze flogen. Das Volk aber grölte und johlte:
„Warum seid ihr nicht geblieben, wo ihr hergekommen
seid? Faules Gesindel, Schmarotzer, Betrüger. Raus!"
Maria und Josef sahen dies alles zitternd. Und Entsetzen
überkam sie: „O Jesus ," stammelten sie, „o, Jesus!".....

Wunschzettel, Wunschkonzert, Wunschkind, Wunsch-
mann, Wunschfrau, Wunschdenken, Wunschinfektion,
Wunschtraum, Wunschbild, Wunschfieber, Wunsch-
starrkrampf ....

Friede auf Erden
Durch Friedensraketen wird die Erde friedlicher als ein
friedlicher Friedhof. Wollt ihr den totalen Frieden?
Busch, der Retter ist nah.
(Man sollte ab und zu mal auf den Busch klopfen.)

Weihnachtsgeschenke, ehe man es bedacht,
haben Gott zum Götzen gemacht.

Vor Weihnachten ist der Andrang beim Frisör groß. Alles drängt sich
zur Bescherung.

Fröhliche Weihnacht

Im Stall geboren, ans Kreuz gehenkt ...
Denkt ihr je nach, wenn ihr das Bäumchen behängt
Christus war kein Weihnachtsmann,
kein Lebkuchenonkel ‚kein Schnulzenmann.
In Windeln wickelt ihr selig das „Kind".
Gesang voller Rührung - ihr tränenblind
rüstet auf, lasst Menschen sterben.
Mit Hass kann niemand für Jesus werben.
Fröhliche Weihnacht.
Der Weihnachtsbraten im Ofen summt.
Der Hunger ein ander Liedlein brummt.
Von je zehn Menschen hungern drei.
Auch euer Nächster ist dabei.
Selige Weihnacht.
Im Stall geboren ans Kreuz gehenkt -
Denkt nach, auch wenn ihr sonst nicht denkt.
Wen martert ihr jede Weihnacht neu?
Und rühmt seinen Namen ohne Scheu.
Ihr mästet den Wanst euch mit Genuss,
so wird das Fest zum Judaskuss.
O Weihnacht, scheinheilige Weihnacht.

(Segen spendet der scheinheilige Vater.)

Bei stressgeplagten Stressmen and –women will sich nicht so
recht das weihnachtliche Feeling einstellen, deshalb verbring-
en viele die Feiertage in der Ferne an der See oder im Hoch-
gebirge, all inklusive versteht sich, in 3,4,5 Sterne –Hotels.
Da kann Jesus natürlich nicht konkurrieren - . Sein Stall hatte
nur einen.

Peterchens Wunschzettel

Peterchen ist sehr verwöhnt.
Seht, wie beim Wunschzettel er stöhnt!
Er wünscht sich Häschen, Hamster, Hund,
Computer, Gameboy und ...und ... und ...
Er schreibt sich fast die Finger wund.
St. Niklas auf die Liste starrt.
Er zupft sich nachdenklich am Bart:
„Zu klein ist mein Geschenkesack.
Ich brauche einen starken Truck."
Die Englein packen voller Groll
den Truck bis ganz hoch oben voll.
Dann gibt St. Niklas kräftig Gas
und fährt bis in des Peters Straß`.
(Zwei Engel werden etwas blass.)
„Nun, Peterle, bedenk in Ruh`,
sag, willst die ganze Ladung du?"
„Au fein, na klar, bring sie schon ran!
Ich kann nicht ewig warten, Mann."
St. Niklas Daumen macht kurz „tipp",
der Riesenlaster schwungvoll „kipp".
Die Ladung auf den Peter kracht.
Ein Schrei! (Auuuaa) Dann ringsum stille Nacht.
Zu viel Geschenke schaden sehr.
Peters Wünsche sind nicht mehr.
St. Niklas eilig weiterfährt.
Hat er auch schon bei euch beschert?
Ich glaub´, da vorne steht sein Truck.
Willst du die ganze Ladung? Sag!
(Bzw. Wollt ihr die ganze Ladung? Sagt!)

Freude ohne Vorfreude ist verplempertes Glück.

Weihnachtsstimmung

(Christmas feeling)
Gestern noch beim Frisör zur Bescherung
Heute nun: Trautes Heim
Glück allein
Aus dem Radio tönt: Singlebells, singlebells
Im Aschenbecher liegen die Weihnachtskippen.
Weihnachtliche Wünsche sprudeln in alle Welt,
selbst in die kleinste Hütte.
Catcher wünschen einander rohe Weihnachten,
Bergsteiger hohe, Spaßmacher frohe,
Pyromanen lichterlohe, Nudisten dressfreie,
Prostituierte ein sinnliches Weihnachtsfest,
Lehrer ein sinniges, der Kantor wünscht ein besingliches,
Hebammen ein gesegnetes,
Mc Donalds Fritten auf Erden und den Menschen
Ketchup und Mayo.
Psychomüll drückt aufs Gemüt -.
Was der Weihnachtsmann alles heutzutage so schleppen
muss, das geht ihm sicher ganz schön auf den Sack,
doch nichts für ungut,
es gibt ja Magenbitter.
Prost! Wohl bekomm´s!
Bekömmliche Feiertage und einen guten Rutsch
wünscht ......

Wer sich zuviel wünscht, kriegt eins mit der Wünschelrute.

Stille Nacht

Tv erhellt die Weihnachtsnacht.
Doch wehe, wehe,- die Glotze kracht.
In Eltern und Kindern wächst der Groll,
wie man in Stimmung kommen soll.
Kein Krimi, kein Western, o bittere Not!
Wie schlägt man jetzt die Zeit bloß tot?
Der Fernsehklempner sonst gerne bereit,
winkt ab: „Bedauere, Weihnachtszeit."
Schrecklicher war nie eine Nacht.
An die wird wohl noch ewig gedacht.

Moral: Diese Lehre von Nutzen euch sei,
nicht ein Fernseher tut´s,
kauft rechtzeitig zwei
und ´n Video auch noch dabei!

Ein rundum gelungenes Fest ohne Pannen wünscht das Public-Relation-Management für elektronische Medien. Beachten Sie bitte unsere günstigen Weihnachtssonderkonditionen!

Zum Fest der Liebe (Annonce)

Gönnen auch sie sich etwas Gutes! Feiern Sie das Fest der Liebe bei uns
im Eros-Center, Bahnhofstr. 24, 12. Arondissement.
Fühlen Sie sich bei unseren Engeln wie im 7. Himmel.
Nähere Auskünfte erteilt Ihnen gern Petrus - zuständig für die
Schlüssel (auf Wunsch auch Flatrate).

Früher : Leben der Heiligen
Heute : Highlife der Lebenden
Früher : Pfefferkuchenhäuschen mit Hänsel und Gretel
Heute: Home sweet home - Geile Oma erwartet dich. Ruf
an! Sofort!

Der 24.

Zum Geburtstag kamen die Weisen
und brachten Geschenke.
Zum Geburtstag kommen wir
und tauschen Päckchen.
Aber weh uns, das Geburtstagskind
wird vermisst.
Es ist auf der Flucht,
ist wiederum in Ägypten
und hockt dort bei den Ärmsten,
den Niedrigsten, den Verwahrlosten.
Weilt nicht bei uns an festlicher Tafel;
denn durch Lichterglanz und Geschenkpapier
wird die Sicht eng.
Singen und Glockenklingen übertönt
Stöhnen und Seufzer der Armen.
O Je (sus do) mine, o je.

172

Es klingelt

„ Das Christkind steht vor der Tür."
„Lass die Tür zu! Wir geben nix."

Scheinheiliger Abend

Es ist so stimmungsvoll,
so zu Herzen gehend rührend,
so wohltuend für das Gemüt.
Kinderaugen strahlen.
Berge von Geschenkpapier
verkünden unübersehbar die
Frohe Botschaft: Uns geht es gut!
„Halleluja", tönt es silberhell
vom neuen CD-Player.
Derweil wartet das Christkind
draußen vor der Tür –
vergeblich.
Die Tür ist verriegelt,
die Klingel abgestellt,
niemand lässt es herein.
Die kleinen rotgefrorenen Händchen
tun ihm weh.

Aber jetzt, bitte, nicht stören!
Jetzt ist doch Weihnachten
und Friede –Friede auf Erden.
Raum ist allenfalls noch im
Geräteschuppen.
Dorthin begeben sich auch die
drei Leisen aus dem Sorgenland
mit einem Dietrich.
Plötzlich strahlt taghell wie ein
Stern die Warnanlage.
Scheinwerfer flammen, und
eine Stimme ertönt (roh ist die Botschaft):
„Flüchtet nicht, fliehen ist zwecklos.
Siehe, Herr Rhode ist nah."
Handschellen klingen.
Der Kommissar und seine guten Hirten
erledigen den Auftrag routiniert.
Hernach herrscht wieder Friede auf Erden.
Friede, Freude, Frohlocken!
Prost dann - und gute Verdauung.

Adventsfeier im Verein der Biedermänner

Sensible jammern: „Üble Zoten
gehören zur Weihnachtszeit verboten."
„So `n Quatsch!", bollern Hallodrioten.

Denn Zoten freuen sie immer wieder.
Möglichst derb und plump und bieder -.
Ziemlich out sind Weihnachtslieder.

Auf solche kann man glatt verzichten,
jedoch auf Witzkracher mitnichten,
sonst würden sich die Reihen lichten.
Fazit:
Es wurde mancher Schwank gebracht.
So manche Hand auf Schenkel kracht´.
Der Pastor hat sich -   totgelacht.

(PS Es gab eine phantastische Küche, aber leider nur aufgewärmte Witze. Merke! Je öfter man Witze aufwärmt, umso ungenießbarer werden
sie.)

Fest der Liebe

Aufgetafelt vom Besten das Beste.
Idyllisch geht `s zu im warmen Neste.

Der Vater, die Mutter und die vier Kinder
frisiert, kultiviert; denn zuvor schon in der

Kirche lauschten sie des Pfarrers Worten,
dass Liebe nun herrsche an allen Orten.

O, Friede Gottes, die Kerzen scheinen –
doch tönt es da nicht ganz zart wie Weinen?

Unter den Bergen von Geschenken
wächst Unbehagen. Jetzt nur nicht denken!

Die Kinder sitzen auf ihren Stühlen
und öffnen Päckchen mit flauen Gefühlen.

Demnächst da soll geschieden werden,
doch heute noch heißt es: Friede auf Erden!

Die Mutter kann Vater nicht länger ertragen.
Der braucht sich deshalb nicht zu beklagen.

Die Trennung ist Quittung für sein Verhalten.
In seiner Nähe muss Liebe erkalten.

Jetzt sitzt er da - ein Häufchen Trauer,
wie gelämt, das macht Mutter echt sauer.

Und auch der Jüngste spricht kindermund-
weise:
„´ne Feier wie dese ist Oberscheiße."

Das Fest der Liebe? (zur Erinnerung !)

1.Korinter 13.4-8
Wer liebt, ist geduldig und hilfsbereit.
Er regt sich nicht künstlich auf,
sondern hat Vertrauen.
Wer liebt, prahlt nicht
und tut sich nicht wichtig,
auch verhält er sich nicht taktlos, selbstsüchtig und unbeherrscht.

Wer liebt, ist nicht nachtragend.
Wer liebt, lacht nicht schadenfroh und gehässig,
wenn jemand sein Ziel verfehlt.
Erfolge seiner Mitmenschen aber
sieht er mit Freude.
Wer liebt, lässt keinen Menschen im Stich.
Selbst in auswegloser Lage steht er ihm bei
und trotzt allen Entbehrungen und Anfeindungen
mit großer Geduld.

Liebe ist der Quell des Lebens.

Das Licht

Die Menschen schliefen fest in jener Nacht.
Nur Hirten wachten noch bei ihrer Herde.
Da folgten drei Könige der Pracht eines Sterns,
der senkte sich unendlich sanft zur Erde.

Und der weite Himmel war da ganz nah
und behutsam nur wehte und flüsternd der Wind,
als durch Gottes Gnade dies Wunder geschah,
dass eine Jüdin gebar seines Geistes Kind.

Und Könige kamen und beteten an.
Doch da war kein Schloss nur ein ärmlicher Stall.
Da war kein Herrscher nur ein Zimmermann.
Keine Fanfare erscholl von Turm oder Wall.

Aber die Könige beugten ihre Knie.
wie dies nur Knechten und Tagelöhnern Sitte.
So verhielten sie sich wohl vormals nie,
und als sie gingen, dämpften sie die Schritte.

Kommt! Lasst uns der guten Botschaft trauen,
dass Gottes Liebe Finsternis durchbricht.
Lasst uns mit Mut ein Reich der Liebe bauen!
Gott zeigt den Weg und Jesus ist das Licht.

In der Schokoladenfabrik

Weihnachtshas` und Ostermann blicken sich verwundert an.
Hier ist wohl etwas schief gelaufen?
Na, gehen wir erst mal einen saufen.

Sterne sind Bläschen
in der Sektflasche Gottes.
Eines Tages öffnet er sie
und dann --------

Prost Neujahr!!!

Willinger Kollektiv der Sprachschnitzer, Schwatzarbeiter, Sprücheklopfer, Verssager, Kohlschreiber, Wortklauber, Wortspieler, Phrasenmäher,...

Gerd Walter

ist der Koordinator und zugleich der Sonderbeauftragte für Öffentlichkeitsarbeit des Kollektivs. Er gibt nachfolgend Auskunft über dessen Mitglieder und über sich selbst.

Schon viele Menschen haben die Erfahrung gemacht, dass es gar nicht so einfach ist, mit sich selbst klarzukommen. „Zwei Seelen wohnen, ach, in meiner Brust", seufzte schon Goethes Faust. In der Brust des Verfassers dieser Zeilen wohnen wohl mehr als zwei Seelen, dazu auch etliche in seinem Kopf, in seiner Hose, in seinen Schuhen und ... und ...und...

Er ist folglich keine in zwei Hälften gespaltene Persönlichkeit, sondern schon eher eine zersplitterte, deswhalb hat er, um seine Persönlichkeit besser in den Griff zu bekommen - zu sammeln, ein Kollektiv für seine Seelen gegründet. Je nach Tagesform ist mal die eine, mal die andere Seele stärker aktiv. Er unterdrückt keine auf Kosten der anderen. Er lässt ihnen alle Freiheiten und ist gespannt, was sie ihm mitzuteilen haben. Das überrascht ihn dann immer wieder. Manchmal herrscht aber auch Funkstille. Um sich die Orientierung zu erleichtern, hat er seinen Seelen ihren Neigungen entsprechend Namen gegeben.

Hier ein kleiner Einblick in sein Seelenleben.

Eine Vorliebe für Klamauk und Nonsens zeigen die Seelen „Professor Binsen", „Karl Laps" und „Speaky Gonzales".

Eine Vorliebe für Pädagogik und Ethik
„Stefan Zweifel" und „Peter Gogik".

Für Heiters und Besinnliches steht
„Walter vom Kattenkump".

Für Feld, Wald und Wiese
„Fritz Meise".

Für Sex und Erotik
„Franz Willion".

Kurzum - der Verfasser nimmt für sich und sein Kollektiv keineswegs
in Anspruch besonders geradlinig zu sein. Sein Motto lautet: Lieber
vielfältig als einfältig.
In diesem Sinne grüßt er Sie verantwortungsvoll im Namen seines Kollektivs
(vielleicht des ersten 1-Mann-Kollektivs der Welt!).

Hochachtungsvoll

Ihr Gerd Walter

Inhaltsverzeichnis

Inhaltsverzeichnis

Inhaltsverzeichnis

Inhaltsverzeichnis

Inhaltsverzeichnis

Lyrik und Prosa - kontrastreiche Texte -
ihre Spannweite reicht von satirisch bissig bis nachdenklich einfühlsam,
von fröhlich unbeschwert bis flapsig lästerlich, von ernst und andächtig
bis schwarzweiß und kunterbunt und... und... und...

Mitglieder des Kollektivs sind: Karl Laps, Speaky Gonzales,
Professor Binsen, Stefan Zweifel, Peter Gogik,
Walter vom Kattenkump,
Fritz Meise, Franz Willion, - alias Gerd Walter